來得集

Light Book

謝志偉

來得集

CONTENTS

輯二 理性鏗鏘

輯三 堅持鏗鏘

〈推薦序〉

王謝堂前誰把誰教育

老婆大人

自從上次替《來不集》寫了一篇序之後，親朋好友們為了日行一善，看過序後，每每不免一陣誇讚，而我也不由得翹起了尾巴。

可是這樣的情境，卻讓阿偉先生五味雜陳，自己的太太得到讚美本該與有榮焉，此時此刻卻嘴裡笑，心裡酸。心想哪有人看書重心不放在本文而放在序上？又哪有人仔仔細細地把序讀完的？為什麼每次碰到看了《來不集》的朋友，一開口就說：「ㄟ，老兄，我看了你的《來不集》，你太太的序寫得眞好ㄟ！」就此打住的讚美算是有良心的，更讓阿偉氣結的是，對方還繼續認眞的說：「你太太寫得比你還好ㄟ。」這句話雖然聽得出，阿偉的文章是很好的，可是究竟還是被比下去啦！唉呀呀！寫到這裡，看我如此的「搖擺」，不被阿偉抽掉這篇序，也被他的粉絲揍扁扁。

其實，我哪裡不知道自己有幾分幾兩重，人家博學識廣，我不過是柴米油鹽，哪有比較的份？可是為什麼唉（愛）聲嘆氣、婆婆媽媽謅成的序，會得到青睞？說穿了，還不是仗人得勢。此話怎講？因爲看《來不集》的朋友們，當然是衝著看謝志偉的文章而來，可是阿偉的文章精彩，阿偉這個人更精彩啊！因此朋友們讀了他的文章，也想讀讀這個人。而我的序正是對了這個味兒，朋友們可以從我的序裡窺到生活中的阿偉、找到柔性的阿偉、嗅到感性的阿偉。說白一點，就是比較八卦啦！我就是憑著這麼點兒內幕，不但仗人得勢，還仗勢「氣」人呢！

這幾年來，阿偉先是到德國客座，返台兩年後又派任駐德代表，在德國拚了兩年外交，於去年六月間，又突然火速被派回台灣接任新聞局局長。因此這幾年我的專職就是打包、搬家，副業就是參加接風、送行等餐會，另兼差買車賣車等工作。我們的兩個女兒，也不得不的被我們拎來拎去，適應新環境、新學校、新朋友，無一不是一重又一重的挑戰。我常常感嘆，孩子在成長時，才是眞眞的油麻菜籽，完全沒有選擇的餘地。老大從幼稚園到大學一共上了十五所學校，而小女兒現在小學五年級，也上了六所學校。對她們來說不叫做上學，叫做考察學校，光是走進一句話都不懂的教室，硬生生熬坐一天的勇敢與勇氣，就連媽媽進產房都比不上。

去年六月，孩子的爹背負著強烈的使命感（死命趕），返台接「瘦」新聞局局長一職，他「瀟灑」的上了飛機，留下還來不及反應的妻小和一屋子待打包上貨櫃的家私。我一面處理所有的異動事宜，一面整理東西，更重要的是給孩子們心理建設。因爲他們又要被活生生的從那畝田裡給拔起，開始下一站的「考察」。

此次孩子返台面臨的環境，除了課業的調適，還可能因爲「名人」爸爸而衍生出多多少少的狀況。經過考量孩子的應變能力和環境的不定數，決定遵守「低調」原則。我並沒有預設孩子在外或在學校該怎麼做，可是女兒自動隱父名埋父姓，不願意在學校說出自己爸爸是誰，小女兒說當同學問她爸爸是誰時，她都顧左右而言他，而最近小女兒在班上聽到同學說：「三隻小豬是成語，第一隻豬是杜正勝，第二隻豬是謝志偉……」時，她也只能裝聾作啞。我曾替她想過，除了噤聲外，是不是有更好的方法，讓孩子不那麼的壓抑？可是前些日子參加學校校慶運動會，台上的貴賓，包括了李慶安、蔣乃辛及劉憶如等人（我們住在大安區），我也不想讓她獨自以寡敵眾了。後來把這個故事告訴好友佩佩，她當晚不能入眠，悲泣到天明，她想起了小時候在學校同樣的遭遇。因爲，她的父親是白色恐怖受害者。

小女兒在學校用她的方式自保，也還得過且過。有一天，她跟爸爸在家門口被一彪形大漢嗆聲，除了大聲怒罵、作勢打人外，還威脅的說：「我知道你住哪兒，也知道你的孩子住哪兒。」一向強呑眼淚的小女兒，那天嚇哭了。從此以後，再也不願意跟爸爸走在街上了。小小的心靈一定充滿了問號，她一個禮拜內在大安森林公園前被偷了兩台腳踏車，在學校不能大聲說出爸爸是誰，在電視上看到自己的爸爸被立法委員羞辱到豬狗不如，在家門口被「路人」恐嚇，她的爸爸到底怎麼了？這個城市又怎麼了？而從此，為了讓家人免於不必要的干擾，阿偉跟我們走在街上，總把帽沿壓得低低的，「低調」變成了「低頭」。

有一次跟朋友搭乘計程車，上車後我們用「標準的國語」客氣的跟司機說明目的地，接著司機就說：「你們一定是外省人，只有外省人才會講話這麼有禮貌。」當然那位對「外省人」彬彬有禮的司機先生肯定也是外省人。我很好奇，他的顧客中，所謂的外省人跟本省人，說話的「水準」相差那麼多嗎？我不知道禮貌這件事在省籍上有什麼差異，但是在我成長的歲月中，的確有「外省人」優人一等的記憶。中學時，我跟幾個同學是所謂的「外省掛」，雖然我們不會做什麼囂張的事情，也不會對其他省籍的同學不友善或公開貶低他們，但是私下卻叫他們「te ke」，就是「台客」的意思，如果他們作了什麼糗事，也會暗笑「te ke 嘛！」。雖然當時並不覺得自己比較優越，但是在我們的心裡，「te ke」是錯誤、笨拙、土氣等負面事件產生的唯一原因。

又有一次上學時，排隊等公車，輪到我可以上車時，因為沒有座位了，而想搭乘下一班車，維持秩序的教官命令我上車，我竟然違抗，令他很不悅，要記我過。當日下午帶著鄉音的總教官「請」我到他辦公室，他一定事先查閱了我的「家庭成分」，「客氣」的跟我說：「妳當眾讓値勤教官很沒面子，我不會記妳的過，妳就寫個道歉信吧！」我沒覺得那是給外省人的特權，總以爲是自己有理，但是回想起來，在那個年代有違抗教官而不被處分的嗎？

身爲所謂的外省人，因爲家世並不顯赫，除了沒被記過外，倒也沒沾到什麼好處。我也有很多「本省籍」的好朋友，我「不排斥說台語」，也很認眞的跟他們學台語，從來不覺得這個語言是卑微的。直到有一天，才發現潛意識裡，我對於「說國語」和「說台語」的水準還是有不同的評價。那是在阿偉學成返國後，剛進東吳德文系擔任系主任一職時，我們還沒結婚。在一次約會的時候，他打了一通電話給辦公室的秘書，用台語交代秘書一些事情。不討厭台語的我，立刻起了反感，並對阿偉說：「我不反對說台語，我也常常說台語，但是你是在跟學校秘書說話耶，大學是多『神聖』的學術殿堂，我覺得你還是用『國語』比較合適。」二十年前的我用語言來訂定「水準」，二十年後的計程車司機用省籍來訂定「水準」。而諷刺的是，擁有一對外省父母的小女兒，本來可以昂首闊步的走在台北市「大安」區的街頭，驕傲的面對同學，現在卻得「低頭」與「低調」。只因爲她的外省爸爸「不安」分。現在，在我心裡，「外省」、「本省」不再是「水準」的標竿，「內外反省」才是。

從德國上飛機回台灣那一刻，我就對於回來將會面臨的各種問題，有了心理準備，對於女兒遭遇的一切，我並不太意外，只是感到心酸。我自己並不需要隱夫名埋夫姓，可是，不料在網路上，竟然有隱姓埋名聲稱是我大學同學的人，對我公開喊話。部分內容如下：

「妳的老公——謝志偉，他做得太過了。」

我也知道謝志偉身爲一個外省子弟在這深綠的民進黨要有一席之地是非常不容易的，但是爲了五斗米有需要這麼的作賤糟蹋自己嗎？

齡慧，我眞的很誠懇的盼望妳能勸勸謝志偉，適可而止吧，不要再操弄省籍情結，做出傷害有損我們子孫的未來情事。

妳的勸解我相信絕對有助益臺灣的未來和他本身的未來。

每個人都有發表言論的自由，「同學」對我的「語重心長」，我也予以尊重，但是對於人與事情的揣測，卻不敢恭維。以「同學」的理論，外省子弟在深綠的民進黨要有一席之地不容易，那如果阿偉眞的要爲那五斗米折腰，擁有「外省」血統的他，進入深藍的國民黨，不是可以很輕鬆地得到更多米嗎？又不需要「作賤糟蹋自己」。很多「聰明」人，不就是這麼做的嗎？可是「人格」跟「理想」讓我老公做了「笨人」。我不知道「同學」要我勸我老公什麼？勸他去投靠較符合他「省籍」的國民黨嗎？那「本省子弟」在深藍的國民黨是不是也很難佔一席之地呢？恐怕「同學」自己有省籍情結吧？我也不知道阿偉做了什麼傷害有損子孫的事情，我只知道，我女兒已經受了心理傷害。最後一句，「同學」說對了，因爲我支持我的「牽手」護台灣（女男平等，他也是我的牽手）。

寫到這裡，聽到書房那兒，阿偉跟大女兒又爭吵起來，女兒抱怨爸爸好不容易在家，卻又埋在書桌前修稿，這本書裡阿偉嘔心泣血的佳作，都是建築在傷心吐血的妻小上。看來，轉型正義在我家，還需要長期革命。我跟孩子們是「凡人」，無法了解和體會他如此「拚命」的情操，也不知道他爲什麼有那麼旺盛的精力。最近在網路上看到一句話：「沒有一百分的另一半，只有五十分的兩個人。」

我不會寫四句聯，只能對我的另一半說——

我把你當超人看，
所以我不敢把你教育；
雖然我來到你的家園，
攔不知**王謝堂前誰把誰教育**？

〈自序〉

四年前，身體不如個性強韌的家母因心臟衰竭驟逝時，我卻身在國外。驚愕、悲痛之餘，忽覺隨著母親辭世，我這一生行走至此，似乎上半場也正式結束。母親與我天人永隔，彷彿潛藏於我心靈角落裡的童年從此告別，霎時，多少往事湧現，思母，愧疚，自責，淚眼儘管模糊，感觸相對深刻，回憶也清晰異常，於是，我出了我的第一本中文書《來不集》，紀念我的母親，刻印我的前半生。

《來不集》的「來不」取自英文的「Life」，生活，生命也。《來不集》訴說我對生命裡「一次不算數」（尼采：Einmal ist kein Mal.）的體驗與悵然。四年後的今天，我再出一本書，名之為《來得集》。「來得」取自英文的「Light」，光明，光線也，蓋這些文章能熬出，都建立我堅持台灣的未來必定充滿光明的信念上。而「來得集」自然也是「來得及」，只要意志夠堅強，熱情就不熄，而只要熱情不熄，人生就有意義，再怎麼遲，都來得及。

當然「來得集」並非「來得急」，否則就會「去得快」，出此書，無非也希望這些文章不致「去得快」，其中每一篇都耗費了我相當的時間。作為一個涉足政治運動而有幸仍／尚未沒頂的文學研究者，我始終沒有忘掉要從文學裡讀歷史、觀政治、看社會的願望。不但，文學裡耀眼的光明可照穿政治的肌里，文學裡哀怨的控訴同時也可高畫質地傳輸撼動人心的沉痛。在這些文章裡討論或引用到的文學作品主要都是出自台灣文學，少部分則為中國古典文學及歐美日等文學。年少時，生當中國國民黨戒嚴年代，學校教育並無「台灣文學」，只有「中國文學」，禁忌又多，多年後，能像一般正常國家的國民在文章裡將自己的文學拿來檢驗歷史、政治和社會，今日想來，心裡仍有一絲酸楚。

文學與政治曾經「失聯」久矣，至少在《來得集》裡，「入聯」還「來得及」。至於其他，活著，總要有夢。

是為序。

輯一

用心鏗鏘

人民作主?!——再讀《沒卵頭家》

家人都已睡了，我一個人抱著棉被，輕腳來到客廳。黑暗裡，我坐在沙發上凝視著窗外的樹影搖曳，至少有五分鐘之久吧，嘗試讓心情沉澱下來。然後我開了燈，確定沒驚醒任何人，再走到飯桌邊，從椅子上的書堆裡找出王湘琦一九九〇年出版的短篇小說集《沒卵頭家》。

自從引起社會討論的「LP」事件發生後，我就想起和我一樣同屬芋仔番薯一族的王湘琦這本《沒卵頭家》，但是把它找了出來，想寫篇感觸，卻一直沒時間動筆。那時會再想起這本小說集，除了「LP」兩字外，另一個主要原因乃在於王湘琦寫在〈自序〉裡的幾行話：

雖然家母是台灣人，但由於幼時生長環境和所受啓蒙教育的緣故，我是一個別人眼中典型的「外省人」——無法用流利的台語和我的同胞溝通。這點是我現在深感慚愧並發誓要改正過來的。因爲隨著歲月的增長，我開始思索這塊像母親般呵育我成長的土地上的人與事，過去、現在與未來……我知道——「台灣就是我的母親！」我每一念及她過去所受的種種苦難，熱淚都要奪眶而出……如果有一天我能寫出什麼還可以看的小說的話，我也要世人稱我「那個台灣來的小說作者！」。

〈沒卵頭家〉是該小說集的第一篇故事，原載於一九八七年十一月份的《聯合文學》，獲得第一屆「聯合文學小說新人獎」短篇首獎。一九八七年十一月，台灣剛結束長達三十八年的戒嚴時代，而小說的背景卻是一九五二年，二二八事件剛過五年，正是國民黨的白色恐怖於人民如影隨形的年代。這位體認到「『台灣就是我的母親！』我每一念及她過去所受的種種苦難，熱淚都要奪眶而出」的芋仔番薯仔，爲何會寫出一篇題爲「沒卵頭家」的小說？小說獎的四位評審人白先勇、李歐梵、施淑女、李永平的評語都是短短幾行，有的指出：「台灣小說裡，喜劇太少，它是一個非常好的題材。」有的認爲：「比如說，生殖器崇拜的問題、傳後的問題，又是中國的，又是原始的，作者用一種非常好笑的方式把中國文化的深層結構表現出來。」有的則說：「澎湖三十年前的落後，並不因荒誕而荒誕，還是有社會意義和現實意義的存在。」最後一位則說：「這篇題材太好了，在那麼一個怪異的事件中，可以產生多少可以寫的東西？」等等。

然而，讓我們再看看標題「沒卵頭家」。「頭家」在那個剛度過三十八年戒嚴的年代裡，除了「老闆」之意外，分明還有「人民作主」的含義！再對照台語裡的「沒卵」或「沒卵葩」，「沒卵頭家」一詞不正暗喻著國民黨一黨獨裁之下，人民空有「頭家」之名，而無「作主」之實的台灣嗎？「沒卵」代表「沒種」，在王湘琦同一本小說集裡，以二二八事件爲主題的〈黃石公廟〉裡也有出現：「沒想到哥哥如此勇衝，弟弟卻是個沒卵鼠輩！」而偏偏這個弟弟就叫「虎瀾」。

「沒卵頭家」有名有姓，是澎湖首富吳金水——吳金水，實則「無精水」之意也——之所以被稱爲「沒卵頭家」，是因爲在一九五二那一年，澎湖某離島爆發了一場神秘怪病，不久即波及整個群島，也殃及馬公的討海人。瘟疫所及，男人的卵葩都腫大如斗，無法出海。村人求神起醮也沒用，連重金禮聘來解厄的黃天師自己也染上「巨卵」症，還遠赴台灣求診去了。最後，馬公衛生所主任決定向台灣本島某私立醫學院求助。

醫學院的醫生團隊來了後，診斷爲是經由蚊蟲叮咬所感染的巨卵症，輕者吃藥可癒，重者卻只有「割去」一途。當時全村沒人接受割除治療，唯獨向來認爲「船難非關信仰虔誠與否，而是無線設備及氣象報導準確問題」的年輕人吳金水願意接受割除手術，以便早日恢復討海的工作。跟著他去作手術而變成「無卵」的男人，還有阿福，但是阿福出院才一星期，就因爲受不了村人的恥笑而自殺了。割下來的「巨卵」，因爲兩人都無法負擔醫藥費，而以「學術免費」的名義交給該醫學院作標本去了。

術後的吳金水迅速恢復工作能力，沒多久就把無法出海工作的漁人的船隻一一低價買下，沒幾年就成爲澎湖首富了。他的養子吳丁旺最後也送到台灣某私立醫學院念醫學系。不消說，正是當年爲吳金水割卵的醫學院。說巧不巧，某日，吳丁旺上課時，老師就帶來該標本給全班觀看，吳一眼就看到上面的地址和姓名，正是他爸爸——吳金水。他即寫信回澎湖給他父親，一場「卵葩」爭奪戰就此展開。

結果，吳金水最後以捐出一百萬元給該醫學院的方式，贖回當年被割掉和「賣掉」的卵葩。然而，當包著紅布供在玻璃罩裡的「卵葩」被像「朝聖者引回菩薩」般隆重地迎回家裡後，吳金水才發現，這上面有顆黑痣的「巨卵」是阿福的，不是他的，當初登記時弄錯了。吳金水又回台灣爭取他的「卵葩」。

結局是，養子吳丁旺準備退學，好幫養父爭回眞正的「卵葩」，吳金水這才放棄爭奪戰，因爲他要兒子念完醫學院後回澎湖開一所澎湖人自己的醫院，不再依賴外來的幫助。在這場爭論中，有位知道當年慘狀的澎湖老人對一些少年人說了句話：「你們好命，沒見過苦日子！有了病也沒法度……還要受盡外人的凌遲。」

澎湖之於台灣，猶如當時的台灣之於中國，把〈沒卵頭家〉放在澎湖，有否隱喩「受盡外來政權凌遲」的台灣，讀者自可細細斟酌。然而，不管如何，吳金水當年因沒錢而抵押「卵葩」，後來雖然靠自己的實力贖回「卵葩」，結果卻贖錯「卵葩」。這個結局更値得我們思索。「沒卵頭家」終於變成「有卵頭家」。「阿福」的卵葩是「福爾摩沙」的卵葩，還是在暗指同音的英文「awful」——「可怕的」卵葩？

「國民」繼續作「頭家」，「卵葩」卻弄錯了。我闔上《沒卵頭家》和眼睛，多言無益，有詩爲證：

台灣命運被閹割，金水還將苦水喝；
上了賊船土匪窩，無卵頭家路坎坷；
枕戈待蛋下油鍋，忍辱不堪掩面遮；
釜底至今薪難抽，箇中曲折一牛車。

喊水會結凍

「喊水會結凍」這句話是台灣人常用來形容「夠力、罩得住」的俗語，十分傳神。而既能傳神，自有深意。

「湅」者，義從「水」，音從「東」，亦有義，實指「冬」，音義合指「冬之冰」。在沒有冰箱和製冰機的時代裡，唯逢冬才有冰，蓋能將水之「流動」變成水之「結湅」，非四季循環之大自然的力量，不能致之，乃天道之力也。是以，若有人光用「喊」的，就能驅水「結湅」，不啻意味著，其威力竟能讓流動之水不顧「春之溫煦」、「夏之酷熱」或「秋之氣爽」，直接進入「冬之嚴寒」，說是力透天道，毫不爲過，非「強人」，即「強權」，誰能不怕？誰敢不懼？從而，「喊水會結湅」之比，是以物理的現象來喻心理的驚恐：「水」是因爲被「嚇」到「縮成一團」而結成冰的。

關鍵在「縮成一團」，水如此，人亦然。看過「鬼片」或所謂「恐怖片」的人都能體會到內在心理「驚嚇恐懼」和外在身體「縮成一團」之間的因果關係。如果我們再把「喊水會結凍」這句台灣俗語，放在這塊土地上近百年外來政權統治史——日本人殖民加國民黨戒嚴——的脈絡裡來看的話，那麼對台灣人來說，「喊水會結凍」就絕對另有引申之意也。於是，「恐怖片」的意思就是「白色恐怖一大片」了。

因害怕而將身體縮成一團的「極小化」就是「不見了」，也就是「躲起來」。這點，吳濁流在其《台灣連翹》一書裡有令人印象深刻的描述：

我是一九〇〇年出生，在日本佔據台灣的第五年出生的……怕日本人卻如怕鬼一樣。說到警察或黃頭兵，連哭泣的孩子也會止哭……日本巡查……配著劍，孩子們見了，都怕得躲起來。連大人都戰戰兢兢的。爲什麼這樣害怕呢？因爲台灣人在被佔後嘗到了很多可怕的殘殺的緣故。

可以想像，這種「肉體」的「躲起來」同時也意味著「精神」和「意志」的「全然棄守」。不過，嚇到「縮成一團」或「躲起來」，還算是身體能受控制的反應。更糟的是，在恐懼到意志已經控制不了身體的情況下，人體內原本聽從意志指揮的隨意肌就真的會「失控」，此「皮皮剉」嚴重時就會「驚到剉屎」或「尿失禁」原因所在。

這點，我們在林雙不以二二八為背景的短篇小說〈黃素小編年〉裡可找到一例。

小說裡，黃素是十九歲的將嫁新娘，在一九四七年某天早上跟著母親上街買菜刀，忽然路上行人驚慌地狂奔起來，與母親失散的黃素被撞倒地後，被軍警搜到她帶著菜刀，自此，黃素被當作叛亂犯關了起來。有天夜裡，他們把她叫醒，說：「時間到了，我們送你上路。」然後就將她載到一處空曠野地，命她跪在煤渣地上，身後則站著一排荷槍而立的人。緊接著，她就聽到一聲令下，「預備！瞄準！」頓時，「黃素感到胸口一陣灼熱的刺痛，彷彿子彈穿胸而過」，隨即「慘叫一聲，向前趴倒，煤渣塞滿一嘴」，耳朵裡卻聽到有人說：「黃素？聽到了沒有？你改判無罪，我們馬上送你回家。」原來他們實在查不出任何能證明黃素叛亂的證據，於是就在放掉她之前，先嚇嚇她，看看能否嚇出一點「口供」。只是，這一嚇，沒嚇出一絲「口供」，倒嚇出了一堆「米田共」——「當穿制服的人過去扶起黃素時，聞到陣陣臭味，一看，黃素的褲底盡濕，並有圓圓的一團突起。」從此，不管誰跟黃素說什麼，她的回答只有一句：「我不要槍殺！我不要槍殺！」

黃素沒被槍殺，但是卻被嚇瘋了。回到家裡，父親已在女兒被抓四個月後一病不起，母親在知道黃素的斷續消息後，中風癱瘓在床，親家翁則前來將婚約解除，理由是「不能娶政治犯」。一九五九年，黃素的母親一病不起，可憐從此連大小便都不會自理的黃素就又髒又臭地到處亂跑，三對兄嫂也無能爲力。有天，黃素沿著鐵道漫無目標地遊走，忽聽見背後「傳來急促的汽笛聲和刺耳的金屬摩擦聲。黃素回頭一看，火車頭逼面而來。黃素兀自站立橋上，一動不動。」小說到此，全篇結束。

毫無疑問，林雙不在此埋了伏筆：「背後傳來急促的汽笛聲和刺耳的金屬摩擦聲」不正隱指著先前在空曠野地「眞上路，假槍斃」時，讓黃素嚇到從此發瘋的「預備！瞄準！」之身後槍彈上膛之喀嚓聲？黃素之「一動不動」，果眞爲國民黨的威權之「喊水會結凍」作了最「生動」的註腳，讀此，能不爲之鼻酸？林雙不在該小說裡以「橋上逼面而來之火車頭」來隱喻獨裁政權之「蠻橫威嚇」及無辜人民之「躲無可躲」，在台灣文學史裡絕對值得一書，雖是短短一篇小說，較之西方十九世紀中至二十世紀初文學裡的「火車頭意象」，毫不遜色。

白色恐怖會在直接或間接受害者的心理上造成難以磨滅的夢魘，東西皆然。當代德國暢銷小說《香水》一書的作者徐四金在其另一小說《鴿子》，描述身爲銀行門口守衛的男主角約拿丹在見到走道裡出現一隻鴿子時，竟然會心生恐懼的怪異反應，其實正是在傳達一個訊息——對局外人來說，「鴿子」固令人想到「和平」，但「和平」

卻引得約拿丹無可避免地憶起他童年的夢魘——一九四二年的某個夏日午後，猶是小孩的約拿丹釣完魚，心情愉快地回家，心裡想著可在廚房找到正在煮飯的母親，但卻只看到一條圍裙掛在椅背上。媽媽呢？他問。父親說：「走了，她要到外地旅行一段時間。」鄰居則說：「她被帶走了……是德蘭西的集中營。」幾天過後，父親也相繼失蹤。

「和平」對「心有餘悸」永無終止的白色恐怖受害者來說，只是標誌著「恐怖經歷的暫時不在」而已。因此，至少都已五十歲的約拿丹看到鴿子時，徐四金的描述是這樣的：

他被嚇得半死。他發楞了五秒或十秒之久——自己卻覺得像是過了一輩子，手停在門把上，腳抬起停在半空中，彷彿在門檻上方凍結住，跨不出去也收不回來。

同樣又一個「動也不動」的驚懼反應！獨裁者「喊水會結凍」的影響既深且惡，文學在此又展一例，殘暴政權之恐怖，東西皆然也。

值得一提的是，個人因被嚇而「全身縮成一團」或「動彈不得」的情況，若集體性地發生在眾人身上時，就會造成一種結果：「全民結成一團。」並以公開表態的方式擁護威權政府之所有決策和作爲。因爲，在獨裁政權的威嚇下，不容有人「散漫」，不許有人「凸槌」，更不准「節外生枝」。所謂「萬眾一心」，人有許多，心卻只一個，正是「團體」因被驚嚇到而極小化的具體也！這點，文人政治家、前捷克總統哈維爾早於一九七五年四月裡，在一封寫給當時的捷克斯洛伐克的共黨第一書記胡薩克的長信裡就明白指出：

爲什麼人們作這些事情（指政府要求或「期待」人民作的事），而所有這些事情聚集在一起，總給人形成這樣一個極深的印象，彷彿一個完全團結的社會在不遺餘力地支持政府？但是，對於任何不帶成見的觀察者來說，我認爲答案都是不言可喻的：人們這樣作是由於受到恐懼的驅使。

回過頭來看台灣，我們就可理解，整個兩蔣戒嚴時代，「全民擁戴政府」的現象及人民對「外來憲法、國歌、國旗、國號」，乃至「文史地理、三民主義等教科書」之「全盤接受」，哪一樣不是因爲軍警情特所撐起來的「喊水會結凍」之恐怖威力所致？哪一樣不是因爲多少的「台灣黃素」被幹掉而代之以「中國毒素」所造成的結果？

可笑，解嚴都已經十幾年了，連宋馬等泛藍領導人及那些心裡只有中國，沒有台灣的學者猶沉醉在當年藉著「喊水會結凍」的暴力所構築出來的虛假世界裡，殊不知，台灣人就是被嚇大的。可悲，泛藍轉而仗勢中國的武力，誤以爲足資隔海「喊水會結凍」，殊不知，台灣人已不再縮成一團地蹲坐地上，任人踐踏，而是站起來了。可喜，一旦站起來了，我們將隨時願爲這塊土地撩落去。

問題是，雖然我們終能站得起來，但是，他們何時才會醒得過來？多言無益，有詩爲證：

軍警情特握在掌，曾經喊水會結凍；
霸佔國家作黨產，準備永遠當老闆；
如今台灣意識漲，黨國不分一刀斬；
虛幻中國一邊閃，人民自決永不晚！

「天明」會更好

飯桌上交疊著攤了兩頁報紙，我端著咖啡杯睡眼惺忪地坐了下來，一眼瞥見以「連戰：台灣意識不等同台獨」爲標題針對當年泛藍「三一九大遊行」所作的報導。這同時，電視機裡，某評論家正說到「都說爲救國民黨，明天會更好，王馬出席三一九爲爭黨主席拔河」等話語。

拔河？我想像著雙方人馬死命抓著繩索隔河拉鋸的景象，腦海裡勾繪著輸的那一方隨時都有可能被「拖下水」的窘迫情狀，琢磨著，前國民黨黨主席連戰在大遊行的演講裡附和中國「打台獨，不打台灣」的說法，我心裡問著：「這樣的國民黨還值得救嗎？」

然後，我眼光掃到底下那一頁報紙，露出來那一半的標題是「佛州女植物人拔管」，詳細報導著美國一名臥床十幾年來，僅靠餵食管維生的腦死病人已於十八日被按照法庭裁示拔管，估計活不過一、兩週一事。我想起常見諸報端類似「與死神拔河」的說法，憶起日前讀到德國報紙就「尊嚴地死」爲題討論「安樂死」的文章裡屢屢出現的嚴肅質疑：「失去了『明天會更好』的可能，這樣的生命還值得活嗎？」霎時，我恣意馳騁於王馬雙方不畏風蕭蕭兮易水寒而改「拔河」爲「拔管」的景象中。

我揉揉眼睛，意識到二〇〇五年的那個星期，眞是熱鬧非凡的一週、令人悲憤莫名的一週、使人幽然落淚的一週，也是個教人慷慨激昂的一週。就在全國上下各個社團、民間團體卯足全勁爲「三二六」護台反併吞、反侵略大遊行動員的情形下，這樣的一週結束於以連戰、陳文茜等泛藍人士走上街頭的「三一九」大遊行。而「明天會更好」是這場遊行裡比較理性的口號，其他反扁、反李、反台獨的口號，我們也耳熟能詳，不足爲奇。倒是，連戰那場名爲強調「台灣意識不等於台獨」，實爲賦予中國「武力犯台」正當性的演說，實在令人不齒。就在這個節骨眼上，只因「理念」不同，就以幾近落井下石的冷血心態對待理應與之「同舟共濟」的同胞，再度證明了國民黨當初在中國、如今在台灣會淪落到這步田地，不是沒有原因的。而國際友人更百思不解地問我，即便站在「中華民國」的立場來看，連戰等人怎能容忍任何一個國家對他的國民、同胞橫加威脅？

那個週末下午，他們去上了一趟街，裂痕益深，而我早上則去上了一堂課，獲益匪淺。那是台師大台文所和長榮大學台灣研究所主辦、台灣哲學會協辦的第四屆「台灣文化國際學術研討會」，主題是「台灣思想與台灣主體性」。無論是主講者、評論者或主持人，都以寬廣的學術觀點道出了他們對台灣堅毅不移的深切憂懷。李前總統的開幕演講則以「台灣意識不能有漂流思想」這句話來標誌「新時代的台灣人」之精神，一語道破至少一個世紀以來纏擾著這個島嶼的困境。同一時間，台大校門前仍有學生爲反中國併呑，預備進行到三二六當天的靜坐抗議活動。同一時間，全台灣各地分別都有各類團體不眠不休地以行動展現他們中流砥柱、不任漂流的決心。同一時間，阿扁總統接見外賓，代表台灣說出台灣人追求以及捍衛民主成果的決心、對中國制定「反分裂國家法」危害台灣及鄰近區域安全的憂心和抗議。同一時間，呂副總統在國外傳達台灣人愛好和平但不爲暴力所屈的決心。台灣不再漂流，而是動了起來。

「台灣意識不能有漂流思想」，這句話短短十一個字，其實總括了這塊土地歷來的命運：明明是座磐石穩固的島嶼，卻似艘隨波逐流的船兒。而這就是作家東方白在一九八一年《亞洲人》第一卷第四期所發表題爲〈船〉的寓言所講的「台灣的命運」！故事開宗明義就說：「阿果果一生漂泊在汪洋中，但他從來都不知道——他的船在何處？船長是誰？船要駛向何方？」年輕時是個農夫的主角阿果果，本來是在地中海的克利地（即克里特）島上種橄欖（意爲和平！），有天，海上來了批海盜，把他和他妻子的橄欖園毀了，把他們的房子燒了，然後把他們夫妻倆抓到海盜船上，之後就被運到別的島上當奴隸賣給一個腓尼基商人，但是只有阿果果成交，他妻子被留在原處，任憑兩人如何哀求都沒用。

阿果果繼續被運送到別的島上去爲腓尼基人造船、划船或作戰。空閒時，腓尼基人就教他以腓尼基字母寫字。阿果果從此不再說克里特語也不寫克里特字，不久就把自己的語文全忘光了。有天，腓尼基人和雅典人海戰失利，阿果果又和其他人變成了雅典人的奴隸。新主人自稱崇尚「民主」，標榜「公民」，但卻堅持「外地人永遠得不到『公民』資格」的原則，因爲「公民的資格只能由父親傳給兒子」，是「血統決定論」。不久，雅典人和斯巴達人起了衝突，就許諾奮力划槳的奴隸們，如果能幫忙打敗雅典人，就賜給他們自由。阿果果拚命地搖槳，告訴自己：「我要自由了，我要回克里特島的橄欖園了……」接下來所發生的，當然事與願違，海戰的結果是——雅典士兵不見了，船艙裡下來一個斯巴達士兵，厲聲地對他們吼著：「斯巴達萬歲！這船是斯巴達的財產囉！你們都是斯巴達的奴隸囉！」

故事結束了嗎？不。有一天，阿果果醒來，發現有個羅馬將軍對他們呼道：「你們斯巴達貴族的船長已經棄船而逃了！起來！起來！」阿果果一聽，心中竊喜：「這些仁慈的羅馬兵，他們可要放我自由了。」可是，上了甲板，卻看到船桅上掛著具屍體，不是別人，正是那個日夜看守他們的斯巴達士兵。羅馬將軍手指屍體，對著所有奴隸們說：「以後誰敢抵抗羅馬人或企圖從這艘船逃脫的，就以此爲例！」於是，阿果果又開始學拉丁文，閱讀羅馬典籍。

阿果果漸漸老了，有一天他把這一生的遭遇說給看守他的羅馬士兵聽。頗爲同情他的好心士兵提醒他去參加角鬥場的競技，輸了，就像奴隸般死掉，反正是遲早的事。贏了，就能恢復自由。阿果果聽了，回答說，他知道角鬥場的事，但是他年已老、力已衰，根本沒機會。從此他們再也不談「自由」這件事了。故事是這麼結尾的：「就這樣，阿果果繼續在汪洋之中漂泊，一天又一天，一月又一月，一年又一年，他漸漸老了，而且會更老，但他依然不知道——他的船在何處？船長是誰？船要駛向何方？」結尾回到起點，正暗示著「惡性循環」的厄運！漂流的阿果果一再被不同的外族「果果纏」！任憑擺布，脫身不得！這就是何以寓言發表後二十幾年，已逾八旬的阿輝伯猶在拚老命演說「台灣意識不能有漂流思想」的緣由啊！

台灣人，如何能停止「漂流」？只要您不「識」我的我，就永遠不知道自己的處境，就永遠無法認清「漂流」的現狀，誠如李勤岸寫於一九八四年的詩〈現狀豬〉所說：

我是快樂的
因爲我有得住
我是滿足的
因爲我有得吃
我是幸福的
因爲在豬槽內
我是多麼自由啊！
偶爾也有些微的煩惱
我擔心膽固醇過多
我害怕失去擁有的現狀
至於爭取民主什麼的
與我們豬有什麼關係呢？

李勤岸深沉的憤慨和憂國也呈現在同一時間寫出的另一首詩〈認命牛〉，拿來對照東方白在〈船〉裡所描述的「惡性循環之厄運」，眞有前後呼應之意境，也値得在此一讀：

牛就是牛
光復前是牛
光復後也是牛
牽到東京是牛
牽到北京是牛
牽到台北也是牛
只爲有草吃
再大的苦也受
不論鞭子怎麼鞭笞
不論辱罵怎麼辱罵

甚至於——怎麼換來換去
不同的主人我都沉默耕耘
不問世事
頭上的一雙角
看來像是裝飾品
聽說原來是種銳利的武器
原來作爲牛
上帝也賦予反抗的權利

「明天」會不會更好？我不知道，我等的不是明天，我等的是「天明」。一世紀的暗夜漂流，何時靠岸，端賴燈塔，而燈塔何在？在你我的心裡。

我將去德國，帶著台灣走，不是漂流，是航行，我將帶回豐碩的禮物，獻給我的家園，台灣，我的國家。願你我共將台灣建爲自由、明亮的燈塔，提供漂流船隻靠岸的溫暖。多言無益，有詩爲證：

長夜漫漫翹頸盼，望穿秋眼依舊暗；
等得心焦猛流汗，彷如枕戈在待旦；
莫將瞎矇當習慣，桎梏始得一刀斷；
抬頭黎明曙光來，且聽家園聲聲喚。

註：本文爲作者赴德任台灣駐德特任代表臨行前文章。

星期五、姜正權和曾淵旺

「命名」是一種權力的展現，「被命名者」與「命名者」之間也存在著從屬關係。這點在《聖經》的〈創世紀〉裡呈現得非常清楚：上帝造了地上、天空和海裡的動物後，交給同樣爲祂所創之「人」來主宰，由其一一「命名」，並謂：「人」說了算。命名者「呼」，具主動性質，被命名者則「聽」，呈被動性質，這點譬如在當代德文裡尤其特別顯著：德文裡的「聽」（hören）和「屬於」（gehören），甚至「受制、受惑於某人」（hörig）皆出於同一詞源。

若依〈創世紀〉裡的文字來看的話，「命令」之展現，又是以「禁令」爲最優先之形式。蓋上帝將「人」放進「伊甸園」（天堂樂園）後，告訴他，可以吃園內樹上所有果子，但不可吃善惡之樹的果實，否則他將會「死亡」。「不聽」就會受到「處罰」，果不其然，後來「男人」和「女人」（即亞當和夏娃）都受到處罰，從而，「處罰」和「命名」一樣，也是權力展現的一種。而若以音訓義的話，漢語裡的「聽」和

「停」是否有前述關聯，也可供意者參考。

從古至今，由東到西，「命名權」一直在被重複使用著。十四、十五世紀的「地理大發現」以迄於今，從大西洋彼岸的「America」到這邊的「Ilha Formosa」都是例子。當然，眾所皆知，我們之自稱「遠東」（Fareast），其實最爲離譜。不過，若從文學的角度來看「命名」的話，最貼近《聖經》裡〈創世紀〉原型的例子，恐非英國作家笛福（Daniel Defoe，一六六〇—一七三一）的《魯賓遜漂流記》莫屬。

船難後漂流到一個荒島上的白人魯賓遜「救」了一個「野人」的命，使他免於被其敵人吃掉。野人趴在地上表示「臣服感激」之心後，把魯賓遜的一隻腳放在他的頭上，也展示了要「終身作他的奴隸，爲其效勞」的心願。剛好那天是星期五，魯賓遜就爲他取名「星期五」，然後教他說「主人」，並告訴他，「這是我的名字」。對照「星期五」這個名字的「任意性」，「主人」本是身分，卻從普通名詞升級爲「專有名詞」，尊卑立見，正彰顯了「命名」者的權力之所在——當然「被命名」者有時亦會因命名者而沾光，此即中國的「賜姓」制度。如鄭成功（一六二四—一六六二）在明帝國亡後，由唐王賜與朱姓，民間甚至就直接以「國姓爺」三字來指稱「鄭成功」了，也是個由普通名詞升級爲專有名詞的例子。而如果生前來不及賜姓，死後還可以

「諡名」，也就是說，命名者的權力和光環是無遠弗屆、力透生死的。

值得一提的是，「主人」不但救了「星期五」的「身體」，也拯救了他的「靈魂」：在「主人」的教化下，「星期五」很快地就學會講英語（不必多媒體，只靠一對一，推動全民英檢的人要羨慕呆了），同時也變成基督徒。說主人的話，信主人的教，吃主人給他的熟食（例如羊肉），不再吃人肉，還開始「穿衣服」，這些當然反映了十七世紀歐洲的優勢文化想像及帝國主義思維。放到台灣來看，「星期五」的例子讓我們看到，「命名者」的主宰權力和文化優勢都是多方位的，也讓我們意識到，「台灣正名」會如此困難，正是因爲那些大中國主義者從來就認爲，中國國民黨除了將「中華民國」四個字帶來台灣外，還把五千年的泱泱中原文化引進台灣這個化外之地，正是「微老K，汝其披髮左衽矣！」易言之，「台灣」在他們的心目中，永遠就是「星期五」，而「中國」當然就是「主人」了，此所以許歷農、郝柏村及先前的郁慕明扭捏半天，現在願意回到「中國國民黨」之故，蓋對他們來說，自從李登輝從「台灣星期五」變成「中國主人」的那一天開始，對他們來說，只要李登輝在黨內，那就每天都是「黑色星期五」！

「主人」爲「從屬」命名時，可具任意性，反過來「從屬」就要懂得謹慎，不然恐怕就有橫禍上身，或至少會惹麻煩。中國明清兩代的文字獄也許距離我們稍遠，不如來看一個當代文人的親身例子——李喬。二〇〇一年四月十一日，從高中教職退休後，就發願從事台灣文學家訪談並記錄之的莊紫蓉老師，在與李喬對談時，李喬就不經意地透露了一個秘密：「我第一個孩子叫舒琴，那時候很迷戀小提琴，第二個叫舒亭，第三個叫舒中，本來要取爲舒台，後來覺得太敏感了。」李喬並未進一步說明，「敏感」何所指，但是顯然八成是因爲「舒」和「解」兩字相通，於是「舒台」就有「解台」的轉意，那「解台」不就成了「解放台灣」的意思了?!李舒中出生的那一年是一九六六，台灣全島仍處於白色恐怖高潮期，可別忘了，主宰的「宰」和「宰殺」的「宰」可是同一個字！

我們知道，李喬的父親是抗日分子，日本人走後，國民黨找他出來參與接收事宜，二二八事件時，他卻先被關了一個月，後又差點被國民黨活埋，回家後，從此性情大變。其間，「草山」被蔣介石改爲「陽明山」，各縣市主要道路一律改爲中正路和中山路，且全中國的城市都成爲台灣各地的街道名。此外，「中正路」絕對不分「段」，以免有「中正斷了」之虞，而「中正斷了」又有被誤讀爲「中正了斷」的可能，那還得了！

接替日本人的「中國主人」如此強悍，那被列入接收清單的台灣人除了乖乖地當「星期五」外，就別無他法了嗎？也不。一九七七年八月一日，《台灣文藝》第五十六期刊出了李喬的短篇小說〈昨日水蛭〉。小說的主角叫「施道憐」（師道堪憐？），是台灣某著名醫學院素孚人望的教授，本性憨厚，當初在中國念醫科時，被譽為是「外科」的明日之星。然而就在眾人一起歡慶一年實習即將結束的時候，他卻因害羞而被同儕譏為「同性戀」或「性無能」。在送一名為「方莉美」的女同學回家的路上，一方面酒後亂性，一方面也受了她言語上的刺激（她問他是否性無能或同性戀），施竟將她幻想成從福馬林液池裡抱出來的少女屍體，抽出隨身攜帶的解剖刀試圖強暴她。結果，方女縱聲大叫，引來路人圍堵。雖然施跳入一個污水池塘裡，還是被聞聲而至的武警尋獲。全身惡臭，且爬滿了幾十條大水蛭的施道憐就這樣被揪進拘留所裡。李喬在此展現了他的文學功力：不是方女被泡在福馬林液池裡，而是施道憐跳進了滿是水蛭的污水池塘裡！事件的結果是，施拒絕將計就計地結婚，然後被退學，就在畢業典禮前夕。

後來，國民黨撤退來台，施道憐就以畢業紀念冊上也有他參與的合照為證，取得教書資格。從此施戮力教學，還親自帶領學生去公墓「借貸」無主屍體之頭顱、肢體等回教室上解剖課和組織課。二十年後，施成爲最受歡迎的教授。其間，施也曾結婚，妻子十分美慧，可是一上床，施的腦海裡就浮現方莉美豐滿而僵冷的胴體，以及無數的水蛭。他去看了醫生，檢查結果，一切正常。他去嫖妓，也能完事，就是沒辦法和妻子行房。一個月後，施就離婚了，從此全心於教學事業。

有一天，施收到了一封未具名，但卻言明係他舊識的信。信裡要求他放一個修了他解剖學和組織學、名叫「姜正權」的學生一馬。信裡並語帶威脅地寫著：「往日種種，今日種種，在此不提，只請相助亦是自助。」施一時心虛，就放姜姓學生一馬。不料，再隔個學期，有位貴婦親自登門造訪。來者不是別人，正是後來嫁給施的同班同學姜銘傑的方莉美！這回，她除了要求施對姜生再放一馬外，還變本加厲地要他去向別的教授關說，「事後必有表示」，否則就掀他老帳，讓他教不下去。這回，施道憐吃了秤鉈鐵了心，無論如何也不答應，他說：「我只能出賣自己……但是我不能把自己的污穢也濺到別人身上！」故事結尾時，獨自一人在公墓的幻影裡搏鬥一堆水蛭的施道憐，看到疑似方莉美化身的水蛭神出現在他眼前，施不再害怕水蛭，而是一隻隻地將之踩碎。最後，水蛭女神反而慢慢消退，而施道憐也終於克服了水蛭的夢魘。

當然，毫無疑問，這是一篇可作爲心理學研究的絕佳文本。但是，如果我們注意到那個一再被當掉、甚至面臨退學的學生叫作「姜正權」，而他那棄醫從商的父親則叫「姜銘傑」的話，那麼，李喬不是擺明了，他充分地發揮了一個創作者的「命名權」，將早該退位、但卻吸附在台灣人身上，搞「組織」（抓耙仔）和「分化」（解剖）而敗壞名聲的「蔣政權」（姜正權）與「講名節」（姜銘傑）的父親，和一個純為吸血水蛭化身的「仿厲魅」（方莉美）勾纏在一起，也算是在那樣一個戒嚴年代裡為「台灣星期五」扳回一城了。另外，處理水蛭，每個鄉下小孩都知道，其實好辦，「解藥」就是「鹽」——隱指「解嚴」即可也！

一九八二年，李喬再為他那篇題為〈小說〉的短篇小說裡的主角取名為「曾淵旺」。曾橫跨日本和國民黨時代，參加過「農民組合」運動，被日人關打過。二二八後，曾又因上街參加遊行，被國民黨抓、關、打，最後顯然被槍斃了。而「曾淵旺」者，「眞冤枉」也，與賴和那篇〈一桿「秤仔」〉裡的主角「秦得參」（眞的慘！）遙相呼應。光是李喬這兩篇小說就足以告訴吾人子輩，台灣人從來就不一直全都甘於當「中國主人」的「星期五」！然而，事到如今，大概「星期五」當久了，還是有些台灣人不但當慣了「星期五」，甚至也兼作起「二百五」了呢。甩掉身上、腦袋裡的吸血水蛭吧，台灣人！多言無益，有詩為證：

一世紀上上下下，兩政權來來往往；
星期五彆彆扭扭，魯賓遜生生世世；
台灣人彎彎曲曲，中國人堂堂正正；
繼續再客客氣氣，一輩子離離落落！

「余」「光」「中」

先別急，本文取名「余光中」另有其義，讀完就知道。

我當過國文老師。那是一九八〇年十月到一九八二年五月，我服預官役的後半段。我是以德文碩士預官身分報考士校英文教官，結果錄取爲國文教官，被分配到中壢山仔頂兵工學校。報到時，我們一夥大約八、九個英文、數學、歷史、地理、國文等科的預官少尉教官就在兵工學校行政大樓一樓走廊分別走進兩個辦公室報到——右邊那間爲普通學科，簡稱普學科，左邊那間則爲政治教育組，簡稱政教組。令我甚爲詫異的是，英、數、史、地等教官均屬普學科，唯獨國文教官是與政戰官科的職業軍官同歸政教組！換句話說，在那個戒嚴時代裡，「國文」一科在國民黨眼中不是爲語文教育存在，反是爲政治教育而設，是鞏固青年軍校生的工具。當時每個月（或甚至每個星期？）總有那麼一次，辦公室裡老老少少十來個政戰教官和國文教官就地開起國民黨小組會議，這時我和另一個亦未入黨的預官就有約兩個小時的空檔出去校園逛，或打籃球或打撞球。

將近三十年過去了，即便已經解嚴二十年了，即便政黨已經輪替了，儘管據說，全面性地「中國化」色彩已不得不漸次消退，但是，從小學到大學的國語文教育，連同史地課程，卻依舊大剌剌地在遂行著「去台灣化」的反動功能——就以二〇〇四年大考中心的國文科試題爲例好了，第壹部分選擇題佔六十七分，第貳部分爲非選擇題佔三十三分，總分一百分。第壹部分跟台灣這塊土地有直接關係的只有第四題的「白先勇」，第五題的「第八號當舖」，第六題的「余光中」及第二十六題的「霹靂布袋戲」。

而偏偏「白先勇」三個字卻只是被用來拈出「他改編湯顯祖的《牡丹亭》」，而該題考的即是《牡丹亭》裡的文句，既非《台北人》，更不是《孽子》。至於第五題的《第八號當舖》雖然是台灣拍的連續劇，然而莫忘了，這齣連續劇的內容卻是上承民國初年、甚至遠溯之前的中國朝代，這些皆非台灣經驗，而再看其考題內容，與上題《牡丹亭》考的一樣是「文言文」。我們再看「霹靂布袋戲」這一題，出題者寫著：「霹靂布袋戲常藉詩句介紹人物的特徵……這種作法，可溯自元雜劇的人物上場詩。下列上場詩，適合介紹「貪邪尖狡」的選項是：（A）我做將軍有志分。上陣使條齊眉棍。別人殺的軍敗了，我撿前頭打贏陣……（B）……（C）……（D）……」看吧，弄了半天，考的還是「元雜劇」！最後，如果有人對第六題的「余光中」抱希望的話，對不起，這回，春天不從高雄出發，這裡考題是出自他的〈山東甘旅〉！

細數這份國文考卷裡凡有出現「人名」的另有：第二題的文章作者，生在南洋、學在台灣、常居香港倫敦的「董橋」，該文提到了「王羲之」；第三題的「秦始皇、李斯」，第七題的「范仲淹、伊尹、伯夷、莊子、柳下惠」，第八題的「艾子、齊宣王、堯」，第十一題的「晏殊」，第十二題的「白居易、馬致遠、曹雪芹、劉鶚」，第十四題的「孟軻、荀況、董仲舒、韓愈、程頤、朱熹、王守仁」。第十五至十七題組考的則是《水滸傳》兩個不同版本的片段之文字比較，故通篇寫的皆是「武松」。第十八題至二十題考的亦是題組，考的是一篇談「達爾文之《物種起源》」的文章，因此在第十九題裡出現了「賴爾、海克爾、達爾文、馬爾薩斯、赫胥黎」等外國人名。第二十二題考的是「氣」之概念，題裡出現了「柳宗元、蘇軾、孟子、曹丕」，第二十四題出現的是「孔明、雲長」。第二十五題考的是「黃鶴一去不復返」，雖未提作者名，卻也遙指唐朝的「黃顥」也。第二十七題考的是十六世紀清朝人張潮的《幽夢影》。第二十八題和第二十九題沒有出現人名，考的卻分別是「螟蛉子」和「韻文」。

選擇題至此結束，非選擇題共兩題，第一題和第二題全無人名，第二題是結尾題：作文——偶像。

通篇考題，可以說是無一題和台灣近百年來的文學史有關，賴和、李喬等人都不如一個英國人達爾文和所謂的「兩岸三地人」董橋！讀者諸君，到此，任何學子看到這樣的考題，您想，可能會有人知道或敢把——容我隨舉數例——「賴和、吳濁流、楊逵、蔣渭水、蔡阿信、雷震、殷海光、呂赫若、林茂生、傅正、廖中山、張中棟、黃信介、林山田、盧修一、陳定南、江鵬堅、鄭南榕、陳文成」等人當作「偶像」來寫這篇作文嗎？至於當今的人物如「林義雄、鍾肇政、鄭清文、李喬、林建隆、李敏勇、李筱峰、彭明敏、辜寬敏」等人就更不必談了！

朋友們，這就是當時解嚴十五年，政黨輪替第五年的國文考題！一言以蔽之，正是「余光中」之謂也：別的都不要，余，光要中國也！那些對「教改」又批又罵的父母親們，您說句話吧！那些口口聲聲喊冤的泛藍朋友們，說句話吧！泛綠的執政朋友們，想個辦法吧！四大族群的台灣人，醒醒吧！

在此，我不能不想起吳濁流的短篇小說〈先生媽〉。在這篇以日據時代爲背景的小說裡，一個沒受教育的台灣母親對自己當醫生的兒子之背棄台灣意識，而認同外來日本政權的行徑以幾近鄙視的態度予以抗衡，致有學者指出，此處之「先生媽」實乃「罵先生」之隱喻也。先生者，不必爲「醫生」，指「老師」亦可也。

大學指考國文科怎麼考，就反映出或引導著高中國文怎麼教。爲何剝奪我們的孩子認識、接觸台灣文學的機會？因爲讀了〈先生媽〉，我們不但會問，台灣人在緊接著後來將近半世紀的中國國民黨之統治下，表現有比較「正常」嗎？我們不也會去思考，何以吳濁流在三十年後寫自傳體的《台灣連翹》時（寫作時間自一九七一到一九七四。莫忘了，一九七一年是國民黨的中華民國被逐出聯合國的一年），會寫出以下的話：

光復以後已二十六年，作一個國民，非講不可的時候，是應當勇敢發表的。可是，事實上卻無法盡情地說。這就是殖民地性格的奴隸性。這奴隸性，在光復的同時，就應該剷除了才對，可是卻殘存著。

然而，有人說這種奴隸性，也感染了光復後的青年。現在的青年，也和日本強佔時期，宛如從父母遺傳過來一般，有不爭氣的性格的青年很多。

吳濁流的反省和感慨，不正點出了台灣被中國國民黨和日本政府兩者皆為「外來政權」統治的共同後遺症嗎？一九七四年年底，以日文撰寫的《台灣連翹》完稿，吳老將之交給鍾肇政，並不立即發表，後在遺言中表示，必須再等十年後才能公諸於世。這不是對國民黨當權者的另類「無言而有話」的抗議嗎？這不是以身作則來驗證他自陳在己身所發現而引以為憾，甚至引以為恥的「奴隸性格」嗎？

內容自一九〇〇年出生，止於一九四九、五〇年的《台灣連翹》，最後一段是吳老留給後世作家的囑咐：

年輕作家們，民國三十八、九年以後，你們應該比我有更深的經驗、更廣的見聞才是。我相信，這些都是你們的文學資本。有那麼一天，必定會百花燦爛，競相綻放的，我就這麼堅信著擱筆吧。

不兩年，一九七六，吳老離開人世，回顧他前述那些話語就像李喬小說〈泰姆山〉裡二二八後白色恐怖的受難者余石基臨死前撒下一把相思樹的種籽，然後說：「當雨水來的時候，有些種籽會發芽。當春天來的時候，這裡是一片一片相思樹苗了。」

當春天來的時候……吳老有幸沒看到、聽到余光中在二〇〇四年到中國演講時抨擊民進黨執政後的「去中國化」及「台灣化」，並對他居住在高雄一事，表示「由於高雄是民進黨的大本營」，他實乃「身在曹營」。不然吳老身後有知，他會說：一百年前，外來政權相繼來到台灣，自此春天從台灣出發，離我們遠去，一個世紀至今，再沒回來。多言無益，有詩爲證：

春天曾經臨寶島，不料引來狂風掃；
一個世紀不算少，兩個外來惹人惱；
悲情不敢當債討，幾番歲月催人老；
秋冬熬過春何在，至今猶須夢裡找！

當「橘」者迷？

「不知自己被賣掉，還幫人家數鈔票，一邊數還一邊笑，假是自己有外巧。」（最後一句請以台語發音）是我將近年來常聽到台灣人用來形容「愚蠢到不行」的一句話增寫後的四句聯，孤芳自賞，不客氣地說，自己喜歡就好。當然，若是達到押韻兼傳神的效果，功不在我，是在「不知自己被賣掉，還幫人家數鈔票」這句話背後的哲理。這句話足以提醒吾人，切莫誤以爲天機算盡，就會便宜佔盡，殊不知自恃之優勢實乃罩門也，結果是，身陷羅網而猶不自知也。易言之，沾沾自喜於「旁觀者清」的錯估情勢，可說不定正是「當局者迷」的徵兆。事實上，就「當局者迷」這句話的出處來看，正是如此。

「當局者迷」語出《新唐書．元澹傳》，本作「當局稱迷，傍觀必審」，其原委略謂如下：唐玄宗時，宰相魏光建議將唐太宗時的宰相魏徵所整理修訂的《類禮》，也就是《禮記》，列爲經書，以作儒家經典。唐玄宗同意，即命大臣元澹擔綱負責。

事成之後，卻有右承相張說表示反對，他認爲，《禮記》迄今已有千年，各家多有作註，有何必要另採魏徵版本？玄宗又表贊同。

元澹乃以主客一問一答方式作《釋疑》一文以回應，其中關鍵處乃在，客問：「既已收有各方註疏，何必再加整理？」主答：「正因爲西漢學者戴聖的版本至今一千多年，歷經各家加註附解，相互矛盾處甚多，魏徵才會覺得有重加審訂的必要，結果他們卻基於同一事實而作出相反的意見。」客人聽後，乃點頭說道：「當局稱迷，傍觀必審，何所爲疑而不申列（這好像，下棋的人自己陷在局裡，觀棋者反能見眞章。爲什麼既知有所疑惑，卻不清楚指出並敘明呢？）。」「當局者」只看到「已有這麼多的註疏，何必再審訂」，卻看不到「旁觀者」看得到的關鍵：註疏固然夠多，卻多所矛盾，故須再審訂。於「當局者」，看似優點，於旁觀者，卻是缺點也。

「當局者迷」，其實不僅僅是每個當代人在身處紛擾雜沓的花花世界時必須面對的課題，它其實從來就困惑著人心，不跳出來，就難以掙脫困局，古希臘人早亦有此認知。我們看希臘神話裡以建造迷宮著名的工匠戴達魯斯（Daedalus）的一則故事即可得知一二。

戴達魯斯應克里特島上的米諾國王（Mino）之邀，爲他蓋了一所迷宮，裡面養著半牛半人的怪獸米諾陶樂斯（Minotaurus），任何人被丟進此迷宮，絕對找不到出口而難逃被米諾陶樂斯活吃的命運。後來竟然有人不但逃了出去，還殺死了怪獸，米諾王乃認定，必是戴達魯斯洩密，就把戴達魯斯和他兒子異卡路斯（Icarus）關進該迷宮裡。

戴達魯斯對他兒子說：「海、陸兩邊都逃不出去，只有空中一途。」於是，他作了兩副翅膀給自己和兒子，直接飛上天空，脫離迷宮和克里特島。結果，兒子摔下海淹死，戴達魯斯則安全降落，至於原因及細節，限於篇幅，此處不予詳表。

我要指出的是，這則希臘神話故事正是暗藏著「當局者要不迷，唯有跳出既有框架才有可能」的認知。我當然知道，此話說來容易，要作，何其難也。蓋明明眼睛睜得大大的，都看得不甚明細了，那閉上眼睛豈不更看不到了？然而試問，何以在膾炙人口至今的希臘神話裡之伊底帕斯國王故事裡（即佛洛伊德的「戀母情結」理論之所本），伊底帕斯國王遍尋不著殺害他父親萊奧斯的凶手之後，指出「凶手正是伊底帕斯本人」的預言家特瑞西阿斯既能卜未來，又能見過去，竟然是個瞎子！這也是個「當局者迷，旁觀者清」的典型例子！

本文標題取為「當『橘』者迷？」自有其故。猶記得二〇〇一年的立委大選，親民黨由宋楚瑜領軍，一舉攻下四十六席，穩穩佔住國會第三大黨的位置，再結合國民黨形成朝小野大，正是，呼風雖不足，喚雨卻有「瑜」的局面也。隔三年不到，宋楚瑜以四六六萬餘票的總統候選人甘願屈居三〇〇萬票不到的連戰之下當副手，雙雙搭檔挑戰陳呂正副總統，激戰三百回合後，依舊難逃敗北的厄運。自此，一再捨身就「國」（民黨）的宋楚瑜和親民黨直到二〇〇四年年底的立委大選，終於在失去主體性的情況下，輸掉四分之一的席次，不可不謂失血嚴重。痛定思痛後的宋楚瑜和親民黨如今似有深刻覺悟：與其和國民黨爭正統、和民進黨搶總統，不如深耕台灣立傳統。

假如一個成員根本早就本土化的中國國民黨不能跳脫戒嚴時代的黨國思維，為什麼一個非常不服氣被稱為「外省黨」的「親民黨」不能以行動來證明，他們比「中國」國民黨更親近台灣這塊土地，比民進黨和台聯黨更唾棄中國國民黨的不義黨產，比中國共產黨更了解和認同台灣人追求自由、民主、和平及尊嚴的決心？親民黨有時被譃稱為「青暝黨」（即「瞎子黨」），那為什麼不能將計就計，以伊底帕斯故事裡的瞎子為師，扮演一個能回顧過去，也能展望未來的角色？

簡單的說，如果中華人民共和國在威脅台灣時，中國國民黨連喊出「捍衛中華民國」都嫌多餘時，親民黨有何必要在考慮和民進黨合作時，那麼死心眼地要求民進黨必須放棄「台獨」理念？爲何不能坐下來共同以元澹對魏徵修訂《禮記》的態度來思考，黨國加戒嚴體制下的「台獨」之內涵及定義於今難道不必重加「審訂和整理」？「台灣」難道不夠格作爲親民黨、民進黨和台聯等國家認同的共同基礎？——國際情勢已如此清楚，台灣當下的政黨裡，有哪一個能再「臉不紅，氣不喘」地宣稱「代表中華民國和中國分庭抗禮」？親民黨明明可以當台灣的勇獅，爲什麼要當中國黨的馴鹿？德語作家何樂爾（Franz Hohler，一九四三—）於一九七九年出版的短篇作品集中有一篇題爲〈推銷員與麋鹿〉的故事，可爲參考：

從前有個號稱是天下無敵的推銷員，他能把牙刷賣給牙醫，能把麵包賣給麵包師，能把蘋果賣給種水果的農夫。有一天，有個朋友對他說，如果他能把防毒面具賣給麋鹿，才眞叫厲害。二話不說，推銷員就整裝出發往北走，直到他到了一座裡面只住著麋鹿的森林。

他對第一隻碰到的麋鹿說：「早！您肯定需要一個防毒面具。」

麋鹿問說：「爲什麼？我們這兒空氣新鮮得很。」

推銷員回說：「今天可是每個人都有一個防毒面具啊！」

麋鹿面帶歉意地說：「可是，我眞的不需要防毒面具。」

推銷員接著說：「先別說得那麼快，你會需要的。」

不久，推銷員就在這座只住著麋鹿的森林裡蓋起了一間工廠。朋友們都說他瘋了。他卻輕描淡寫地回道：「我沒瘋，我只是要把防毒面具賣給麋鹿而已。」

工廠蓋好以後，煙囪排出了大量的廢氣，先前那隻麋鹿只好過來找他。

麋鹿說：「現在我是需要防毒面具了。」

推銷員得意地回答道：「我不是告訴您了嘛！」

然後當即賣了一個防毒面具給牠，邊還神情愉快地說：「品質保證！」

麋鹿又說：「其他的麋鹿也需要，你還有貨嗎？」（麋鹿不懂禮貌用法的「您」，只會用「你」。）

推銷員說：「算你們運氣不錯，我還有一堆。」

「對了，」麋鹿隨口問說，「你工廠裡在生產什麼？」

「防毒面具。」推銷員說。

毫無疑問，這篇現代寓言故事，主題直指「生態保育」，然而文學之爲文學，正因其具有可爲他用的「示範」功能，文中的這種麋鹿隨處可見也。

親民黨蒙著頭，在國會裡幫中國國民黨護產，在街頭上幫中國國民黨扮悍將，一路配合中國國民黨，弄到最後，整個黨卻差點曲終人散，何苦來哉？再強調一次，親民黨若再繼續自甘「楚瑜」當「橘」者迷的境地，充當中國國民黨的防「獨」面具，那可眞是件「親」痛仇快的事了。多言無益，有詩爲證：

當局者迷好糊塗，旁觀者清得救贖；
迷障一日不能除，終生爲人作奴僕；
只怕相公不自知，不怕聽牌不能胡；
與其怨嘆空鬱卒，不如獨聽求多福。

范漢智

「范漢智」何許人也？先不急，定有交代。

前外交部部長陳唐山在台南鄉親面前講到新加坡外長在聯大演講時污衊台灣民主及李前總統以取悅中國的行徑時，氣憤地以一句十分傳神的台灣俗語「扶中國的卵葩」形容之，結果引來泛藍媒體及政客、學者的追打。有篇記者評論，題爲〈教養不足 逼星國選邊站〉爲「摸蛤仔兼洗褲」這句話立下了「典範」：鞭打陳部長和扁政府「沒有教養」、體貼新加坡首長辱罵台灣的苦心，並藉此拐個彎扶起中國的卵葩於無形，一舉三得，果然高明。其中關鍵在「沒有教養」這句話。

大家都知道，在台灣、中國和新加坡這三個華人國家，北京話的「沒教養」，即閩南語的「沒教示」，不要說拿來罵一個大人，光罵人家小孩「沒教示」就已經是比殺了頭還嚴重的事。如今，堂堂一個部長，論學問，美國著名大學博士；講人格，爲了認同台灣，拚死拚活，幾十年黑名單，歡喜甘願；論政績，全國縣長第一名；論長相，溫文儒雅，就因為對鄉親講了一句每一個聽得懂的人都會會心一笑、同時也能抒解台灣被欺侮而無從宣洩憤慨的台語，就被某些媒體罵成「沒教養」，我先要問，這兩位記者真懂得「扶卵葩」這三個字嗎？你們知道，「好棒」的「棒」就是「好屌」的「屌」嗎？你們所景仰的李敖嘴裡一個「雞巴」，書裡一個「雞巴」，我可從沒見過泛藍媒體皺過眉頭。原來，外來、大中國的五千年文化鄙視台灣人的老毛病在這裡又洩了底了。你們要知道什麼叫真正的「沒教養」嗎？讀讀吳濁流的小說〈波茲坦科長〉就知道。

「范漢智」，就是〈波茲坦科長〉裡的男主角，中國抗戰期間，幫日本人在淪陷後的南京當特工，即通稱的「漢奸」。日本戰敗後，范趁國民黨政府收復南京之前，捲逃屬於公款的金條、現鈔逃到上海。沒多久，他的同事果然被國民黨政府以漢奸的罪名抓走，而他則報名到台灣參與接收工作。

到了台灣，穿著「上海派筆挺的西裝，打著殷紅的領帶」，范漢智儼然一副紳士模樣，看在終戰後、積極學國語的台灣女子玉蘭眼裡，吳濁流如此寫道：「青年紳士非常親切。沒有台灣青年那樣粗野的地方。對於清晰流利的國語，和教養好而有禮貌的風度，玉蘭不知不覺有點兒亂了。」不消說，有能力接收到一間寬廣且獨棟日產房子的范漢智科長娶到了玉蘭，因爲家裡也認爲「葩結」到外省人比較有搞頭，就好像當初日本人來時，「有些流氓只出去迎接了一下，後來就被嘉獎了」。玉蘭開始學穿看起來有教養的「中國旗袍」去學跳舞了。然而婚後，玉蘭漸漸發現，這個國語流利、裝扮時髦的「有教養」男人，沒有文化氣息和興趣，只對「金錢」有興趣，而且隨身攜帶著各種私刻的圖章關防，夥同外省同事幹著走私的勾當，手段則是賄賂、恐嚇、連欺帶騙，無所不來。

最後，玉蘭知道這個「有教養」的老公竟然逼迫日人無償交出財產家具等物件時，開始對「丈夫的無恥覺得很討厭」，也視丈夫看見賤賣的東西就趕快買進，然後再賺一手賣出的行徑爲「商人利慾昏心的劣根性」感到厭惡，怎麼看「也不像是紳士。只知道追求物慾，眞是卑鄙」。范漢智卻是得意忘形的對她說：「台灣眞是好地方，由重慶只穿一領西裝來，不久就可做百萬富翁，或千萬者，眞好。」

不是只有玉蘭有此感受，漸漸地，玉蘭的同學、朋友聚會時，都像在開一場「唐山人的品評會」。有意思吧，今天被媒體批爲「沒教養」的陳部長就叫「唐山」，但是要論起教養，范漢智那個「有教養」的中國唐山人要來比這個台灣唐山人，恐怕是「軟腳比雞腿」吧。

玉蘭已無法了解，當初「爲什麼自己會思慕現在的丈夫，她眞是百思不解」。値得一提的是，此刻的玉蘭想起光復當時，跟著父母去迎接祖國軍隊時的興奮心情，終於獲得結論：「祖國！唉……她想出了是那個感情凝結起來成爲對丈夫的憧憬的。」吳濁流要說的，就是我的朋友李筱峰所講的：祖國，祖國，遠看一朵花，近看我的媽！而這一段看似玉蘭被漢奸波茲坦科長所騙，其實何嘗不也是在指，整個台灣都被「祖國」所騙了。再推下去，吳濁流就差沒說出來：我們都被「波茲坦」密約以及前面的開羅宣言所騙了。

玉蘭的覺悟還出現在她和手帕交逛動物園時的場景裡。她看到瘦瘦的大象爲了要討點吃的，就「擺動著巨大的身體，彷彿在向遊客諂媚著」。而有人丟點吃的給大象後，大象就「更加得意地演出媚態討人的歡欣」。此時，玉蘭不由聯想到自己的婚姻，大象「繼續忙著搖動，細瞇著眼睛討好遊人」，玉蘭則感到強烈的「卑鄙不堪」。我不知別人想到什麼，我反正想到，玉蘭十分後悔「扶」了范漢智的「卵葩」。

結局是，范漢智還在想著撈筆錢後轉到香港之前，就被專門追捕「漢奸」的搜索隊抓走了。同是外省籍的搜索隊長看了他的資料後，腦海裡浮現了小說裡的最後一行字：「四萬萬五千萬，怎麼會有這麼多漢奸和貪官污吏呢。」

小說固小說，讀讀史，問問人，就能體會吳濁流的傷心和苦心了。招搖撞騙的「漢奸」范漢智，他的「教養」原來是「教人養」，原來他不只出賣中國，也搜刮台灣。「范漢智」原來就是「販漢子」，「販漢子」原來是「販漢至」。然而招搖撞騙豈止是范漢智而已，泛藍國民黨對外八、九個國號，就是避免台灣，對內卻以殺、關、打、罵的狠勁強制執行一個外來卻又拿不出去的「中華民國」，眞是謊話說光，狠事幹盡，沒教養之極，禍首在此，泛藍媒體等「共販」可知錯？多言無益，有詩爲證：

當初中國販漢至，至今台灣無處逃；
倒非個個皆如是，不必冷諷和熱嘲；
要談教養不排斥，只恐全台被惹毛；
要等牽手和解日，看到本土頭別搖。

腐皮卷

大夥坐定，服務生帶著菜單過來推薦了他們店裡的幾道小點，其中一道暌違已久，叫做「腐皮卷」，我別的沒理，一聽「腐皮卷」，立即搭著說：「這個好。」幾天前，我心裡才念著它。沒一會兒，炸得金黃、切成三截的腐皮卷就連同其他菜餚上桌了。

之前心裡念的「腐皮卷」也是分成三截的，但它是寫成「腐·皮·捲」，不是拿來吃的，是拿來看的——「腐」，看國民黨當初在中國掌權後如何「腐敗」；「皮」，看國民黨腐敗後被人民唾棄時如何「蠻皮」（死皮賴臉）；「捲」，看穿皮鞋的國民黨蠻皮不成後如何被穿草鞋的共產黨打到「捲舖蓋」逃來台灣。那，什麼叫做歷史重演？看他們在台灣五十年的「腐皮捲」如何回鍋，就是。

國民黨腐敗，可不是我說的。一九四八年八月三日到七日，蔣介石在南京召開「三年來戡亂檢討會」，在閉幕致詞中就對著全場一二〇餘位國民黨高級將領說：「我們奮鬥之目標在於如何打破困難，如何消滅敵人，如何完成建立三民主義新中國之使命！如果不向這個方向去做，而仍如過去一樣因循苟且……腐敗墮落甘于暴棄，即便沒有敵人我們也將遭遇天然的淘汰。」一年後，蔣介石的看法，難得地獲得美國人毫不保留的支持——一九四九年八月五日，美國國務院發表了題爲《美國與中國的關係》的白皮書，其中有一部分十分嚴峻地指出：「國民黨的腐敗使蔣介石自取滅亡。」

但是早在「三年來戡亂檢討會」召開的一年半之前，剛卸任北大代理校長，時任中研院史語所所長，後隨國民黨來台並任台大校長的傅斯年（一八九六—一九五〇）就痛心疾首地於一九四七年二月十五日和二月二十二日分別發表了兩篇文章：〈這樣的宋子文非走開不可〉和〈宋子文的失敗〉，尤其在後篇，傅斯年痛批蔣夫人宋美齡的大哥，時爲行政院院長的宋子文：「自抗戰以後，所有發國難財者，究竟是那些人？照客觀觀察，套購外匯和黃金最多的人，即發財最多的人。」

值得注意的是，幾乎在同時，六天之後，海峽這邊的台灣就爆發了二二八事件，國民黨接收大員的政府、軍隊之貪污腐敗、蠻橫胡來即爲主因。吳濁流在其小說〈波茲坦科長〉裡即將國民黨來台接收變「劫收」之貪污腐敗大加撻伐。我這裡要提的是，國民黨政府在同一期間，除了接收台灣以外，也自重慶派員從日人手中接收北平。那麼，素質有比派到台灣去的好到哪裡去嗎？對照隨國民黨來台的傅斯年對宋子文（還有孔祥熙）發國難財的怒批，我們來看看被國民黨指爲「附匪」的作家張恨水（一八九五—一九六七）在他的小說《五子登科》裡寫的是什麼。

一九四七年八月十七日，長篇小說《五子登科》開始在北平「新民報」連載。主角叫「金子原」，是國民黨從重慶派到北平的先發接收專員。張恨水安排他姓「金」絕非偶然，書中說是「黃金的金，原子彈的原子兩個字倒過來」。提到「原子彈」應是在暗指，沒有老美的「原子彈」，抗戰哪能「勝利」。至於姓「金」，這位接收專員到了北平以後，就開始結合他的一位原本幫日人在北平的統治當漢奸的老同學劉伯同（流不通？＝淤塞、污穢、腐敗？）一起搜刮日人及其他「漢奸們」所留下來的金條，並走私到重慶高價出售。這位在重慶上飛機時只有油條吃的接收大員，到了北平，一下飛機立即被接去大吃二喝。看著魚翅端上桌，金專員驚喜之餘，心裡還來了首四句聯：「登機吃油條，下機吃魚翅，日本不投降，怎能有此事？」——可惜張恨水沒跟著國民黨來台灣，否則，依我想，除了點心「腐皮卷」外，他肯定會幫他們設計出一套「三菜一湯」的「奉公守法餐」：藥膳排骨湯、有機蔬菜、回鍋肉、梅乾扣肉——「藥(要)、有、回、扣」。

不消多等，從「吃油條」變成「搬金條」的接收大員就夥同老北平漢奸開始強佔民宅，或逼人賤賣或接管、轉賣日本人的房子及其被沒收的珠寶財物。不多久，接收大員也弄了三個女人，有戲仔，也有良家婦女。最後，小說結束時，金接收大員「刼收」金條一事，東窗事發，但是他運氣比〈波茲坦科長〉裡被逮捕歸案的范漢智科長好多了，因爲在官方來抓人之前，他已接到通報，帶著已經懷孕的一個女人楊露珠（養乳豬?）和「金條、珊瑚、珍珠、瑪瑙」趁著夜裡落跑了。上路前，楊露珠還猶豫著對他說：「我想你要是好好的作官，那是一生受用不盡！」金子原卻冷冷地回道：「好好的作官?老實說，在重慶方面作官，可以說無官不貪。至於有的官不貪，那是沒有找著路子罷了。」金刼收大員帶著女人和一千金條財寶落跑以後，《五子登科》最後是這麼結束的：「這裡的一切還像昨天一樣。而且月亮分外圓、分外明。但是一點聲音都沒有了，房子四周只是靜沉沉的，像是墳墓一樣。」

在結尾還出現的「分外圓」是否有予人「專拿『分外』之財的金子『原』」的詮釋空間，姑且不論，「金子原」就是「接收金子的大員」，是毫無疑問的。「房子、妻子、車子，金子，孩子（兒子）」的「五子登科」是後來的用法，原本「五子登科」

指的是「五個兒子都上榜」，張恨水以此題為小說名，當然也是在譬喻「國民黨的皇親國戚加黨政要員都搶著分一杯羹」，也應了被蔣介石軟禁多年的孫立人將軍對國民黨軍隊在抗戰期間之表現的椎心之痛：「我聯想到岳武穆的救國主張：『文官不愛財，武官不怕死』，但是我們則是武官怕死又貪財，文官貪財又怕死，奈何！奈何！只有對空長嘆！」

金劫接收大員逃到哪兒去了，張恨水沒寫出來，倒是沒多久，國民黨真的「捲舖蓋」到台灣去了。只可悲，自此，他們多了五子，而台灣只吃得一子：槍子。整個白色恐怖時代，台灣靜沉沉地「安定」到「像是墳墓一樣」。

回顧這段「一國兩腐」（同樣一個國民黨在海峽兩邊都一樣腐敗）的歷史和文學的片段，目的是要指出，我們非常同意泛藍朋友的看法，不能只教台灣小孩台灣史，而且還要讓他們了解中國近代史，看看這個中國國民黨在捲舖蓋來台灣之前，在中國幹了些什麼「好事」。六百萬的國民黨軍隊被區區幾十萬的共產黨部隊打到潰不成軍，若非人民唾棄國民黨，有可能嗎？在那邊被人民驅趕，到這邊驅趕人民，再看看他們在台灣除了殺人、關人還佔地佔屋，到今天猶在蠻皮的醜態，不禁令人要問：一個不時都在準備「捲金而去」的腐敗政黨，憑什麼要求人民給他「捲土重來」的機會？

「豆腐卷」三下兩下吃完了，我一眼瞥見隔桌客人留下的選舉文宣。「亡國奴——姚嘉文・林玉體」幾個字吸引了我的注意力。拿過來一看，是某「新黨徵召／國民黨推薦」的立委候選人文宣。下面斗大的字還有：「亡其國者，先亡其史　抗議林玉體踐踏本國史」，旁邊再加一行字：「進入立法院替天行道」。我看著文宣上這個在美國拿到博士學位的外省籍候選人一臉「正氣凜然、悲壯莫名」的樣子，腦海裡不由冒出曾經在電視上看到某眷村裡，義憤塡膺的眾人圍在林玉體和杜正勝兩人放大的相片前，以手砸雞蛋、口裡咒罵的方式羞辱他們的情景。然後我又想起一位年輕朋友傳來的一封信，信裡訴說著他們的軍訓教官在上「國家安全」課時對著全班同學所講的話：「台灣能有今天的繁榮還不都是因爲過去國民黨政府執政的功勞。而那些所謂的白色恐怖，你想想，會有任何一個執政的人希望自己的人民仇視他嗎？根本不可能。」

然後，我眼前浮現林茂生、陳炘、阮朝日、張七郎父子等人的名字或他們罹難後的屍體遺照，我又想起由胡慧玲、林世煜採訪記錄的《白色封印》一書裡那接連三頁、上下三排、一列列在白色恐怖年代裡被國民黨槍斃掉的「犯人」之兩吋半身大頭照——不是青春男女，就是壯年中人，有的眼神遠望，眉頭深鎖，彷彿預知劫難，有的展顏淺笑，一臉陽光，不信世間有憾的表情。此時，林義雄的母親和他的兩個女兒、伴著陳文成的悽慘死狀，令我難過得不呼亦來。霎時，馬英九、宋楚瑜等黨政軍權貴的外省第二代從年輕時到今天一路走來、始終如一「視台獨如仇寇」的咬牙切齒模樣，伴著當年國民黨派到美國槍殺江南的外省掛在多年後還一副引以爲傲的上媒體的神色，插現眼前，我搖頭自問：要多麼「邪惡」的力量才能給予這些人如此「正義」的自信？多言無益，有詩爲證：

半個世紀腐皮捲，老K依舊不檢點；
眞想罵他不要臉，又恐被人笑膚淺；
英魂埋冤日益遠，寶島仍然處驚險；
老天要是眞有眼，保佑台灣厄運免。

桌子留在這，你跟我走！

我在留德期間聽過不少納粹時代流傳於民間有關希特勒的故事，其中一個令我印象深刻，至今難忘。故事地點是柏林某區的一間小酒館，裡面稀稀落落地坐著幾位客人，自己已經喝得微醺的老闆與一名吧台前的酒客攀談起來。說著說著，老闆不覺開始發起牢騷，箭頭指向已經開始整肅異己、捕殺猶太人及左派人士的希特勒。最後，老闆問頻頻點頭的酒客說：「你知道希特勒和收音機的差別在哪裡嗎？」酒客搖搖頭：「不知道，說來聽聽。」老闆撇撇嘴說：「人們隨時可以關收音機，希特勒隨時可以關人們。他媽的，我眞希望希特勒是收音機。」酒客聽了，乾笑了兩聲，沒答腔。一會，酒客指著吧台前的一張小桌，問老闆：「你知道你和這張桌子的差別在哪裡嗎？」老闆搖搖頭。酒客慢條斯理地起身，從口袋裡掏出「蓋世太保」（即國家秘密警察）的證件，邊秀給老闆看，邊說：「桌子留在這，你跟我走！」

兩次總統大選，不論分合，與台灣主流民意背道而馳的泛藍候選人都因而難逃敗北的命運，自此，「民氣可用」被他們污衊爲「民粹可惡」。而每次我看到泛藍政客、學者和媒體人將阿扁總統直喻或暗喻爲希特勒時，上述吧台老闆的故事就浮現在我的腦海裡。我眞想問問他們，全台灣有哪一個人在阿扁執政後成了「收音機」或「吧台老闆」的？沒有，不但沒有，他們尚且心知肚明，他們所力挺、心儀的兩蔣戒嚴時代才眞夠格被比擬成希特勒的納粹時代。我好奇的是，終其兩蔣時代，總計抓了九萬個政治犯，其中八千個槍斃，受害者及他們的家屬在驚魂甫定之餘，都還來不及將兩蔣及其文武打手比擬成希特勒政權，何以這些獨裁政權的遺老及餘孽卻在獨裁政權一去不復返之際，迫不及待地一再以希特勒之比來侮辱阿扁總統、民進黨及其支持者？依我看，只有從心理層次下手，才有可能解釋這個怪異現象。

對這些主要由外省族群第一、二代所組成，聲稱傳承五千年中原文化而自認優質的政客和學者或媒體人來說，台灣人在他們心中其實就是納粹種族主義裡雅利安人眼中的劣等猶太人：原本就不知教化爲何物，還當過日本人的奴才，而被中國雅利安殺、關、追、打之後，還有這麼多的台灣人來「扶」兩蔣政權的「卵葩」，不正印證了他們心目中的一個「賤」字?!可偏偏那些在二二八及整個戒嚴時代被他們殺掉或關到瘋掉的台灣人裡，事實上有相當高的比例是菁英分子，然正因爲：「賤種」而卻比他們高明，是可忍孰不可忍！這種感覺在「根本就是承受漢唐遺風的小日本」凌辱「泱泱五千年，四夷來朝的大中國」時，他們就已經領教過一次了。也就是說，蔣氏政權在屠殺台灣菁英分子時，必然是夾雜著「鄙夷」、「洩恨」還有「恐懼」等多重心理狀態的。

「鄙夷」，是因爲他們認定，台灣人低俗沒文化，還接受日本人的改造。「洩恨」，是因爲日本雖然戰敗，卻由於是盟軍打敗日本，不是中國，所以只有日本兵在中國殺戮，中國兵沒上得了日本，也就沒報到仇，所以中國人殺被日本人統治過、且當過日本兵的台灣人有補償作用，有不少冤死的台灣人就因此而眞的當了「日本鬼子」了。「恐懼」，是因爲看到「賤種」的台灣人竟然在五十年的殖民時代裡已發展出一套遠較中國還進步、還現代化的軟硬體設備和價值觀——以他們「優勝劣敗」的「物競天擇」角度來看，此時若不下手，難道要等到「台灣人」站起來？

這些泛藍人士和納粹可有關連？我們可千萬別忘了，專屬蔣介石的「領袖」兩字就是從專屬希特勒的德文「Führer」而來的。大家都知道蔣介石將蔣經國送到俄國，卻常忘了，西安事變後，他於一九三七年將蔣緯國送去納粹帝國慕尼黑軍校受訓，至一九三九年八月才返回中國。一九三八年三月十二日，奧地利出生的德意志帝國總理希特勒兵不血刃地進軍奧地利時，時爲帝國軍人一分子的蔣緯國就在其中！再看，蔣介石的軍人五大信條「主義、領袖、國家、責任、榮譽」不也是以希特勒爲師，把黨的主義和領袖的位階放在國家、乃至個人的責任及榮譽之上嗎?!

希特勒命令軍人向他個人、而非向國家宣誓效忠，也使得部分天良未泯的德國軍人在二次大戰期間要反抗「領袖」時，牽因心理障礙而不克下定決心。眞正付諸實行的只有將門之後，曾經力挺希特勒，但在納粹政府屠殺猶太人、濫捕無辜並瘋狂地將帝國軍隊送往毀滅之路後，決定親自參與暗殺希特勒計畫的中尉軍官，施道芬貝格（Claus Schenk Graf von Stauffenberg，一九〇七—一九四四）等人，可惜事敗被殺，時間已是遲至一九四四年七月了，距離希特勒崛起、上台已有十個年頭。

我要指出的是，台灣人，尤其在蔣介石時代，事實上是被一種外來、外省的仿納粹政權所統治過的，而正如同樣有德國人被納粹政權所迫害，外省人被兩蔣政權殺害的也所在多有。這種統治是在黨掌控軍、警、情、特、文化、媒體加教育全面密不透風的監控和洗腦下才能做到的。在此情況下，優質中國雅利安成功地讓劣質台灣猶太人相信，或至少被迫接受，劣質的一方被優質的一方統治及再教育乃事之必然，沒話可說，至於有話要說的，可以說一次。因此，就歷史來看，在中國雅利安人的心中及生活經驗裡，「劣質台灣猶太人非但沒有自主性，而且只能被統治」的確是在他們生活裡一再被驗證的眞理。一如最近馬英九對位於新店溪行水區內溪洲部落的居民說：「我把你當人看，我把你當市民看，要好好的把你教育，好好的提供機會給你……」馬英九這段話不正把自己送上了「優質」的頂端，把原住民推入了「劣質」的底端?!

可憐亦復可悲的台灣人在日本時代已經當過一次「劣等猶太人」——莫忘了日本與納粹德國的希特勒及法西斯義大利的墨索里尼之軸心國結盟關係，及其對德國的崇拜和學習——等到終戰後，台灣人不像法國人、波蘭人、荷蘭人、韓國人等感受到解放後的主體意識，還是得從外來政權的祖國身上期盼著「歸屬的救贖」。今天回頭看龍瑛宗於一九四五年十一月以日文發表的短篇小說〈青天白日旗〉裡，有關台灣人終竟還是僅能以中國來的「新國旗」來傲視已經宣布戰敗的日本人之描述，再對照不到一年半後的二二八大屠殺暨往後長達將近四十年的戒嚴白色恐怖，能不欷噓者有幾人？

驚慌失措的泛藍學者頻發荒唐無恥、幼稚無比之謬論固然令人噴飯，但認知到這些論調後的「雅利安」思維，就不免叫人吐血了。當台灣人在犧牲了無數的身家性命之後，終於透過民主程序產生本土總統後，在中國雅利安人的心中，卻依舊認定這兩次總統大選的結果，都是「阿扁的民粹」所致，因爲他們質疑「沒有自主性的劣質台灣猶太人」怎麼可能投出有自主性的選票？此所以，若干學者罔顧阿扁過半得票率之餘，還敢爲文以希特勒之「民粹侵害人民主體性」來暗貶阿扁總統。由於不能接受「兩次大選，綠營勝出」的結果，他們就硬拗說成「人民的主體性名義上存在，但實際被侵害」，甚至變成「這時候如果要戰爭議程，人民就只能投入戰場」。這種論述，說穿了，不正是二〇〇〇年總統大選時，連宋陣營呼應中國朱鎔基「選擇阿扁就是選擇戰爭」那副嘴臉的借屍還魂?!

污衊台灣的民主成果之外，還有論述說，台灣在打外國勢力（指的當然是台灣的軍購對象：美國）的代理戰爭。光從這個謬誤認知，就可以讓我們體會到，日來一再「出桂」（吳三桂的「桂」）的各個老中青外省當季學者和過時權貴，是從頭至尾、徹徹底底地否認台灣人可以有捍衛自己國土及身家性命的權利。所以在他們的眼中，連台灣人買防衛性的軍購保衛台灣，都只是在幫人家打「代理戰爭」。實則，此話一出，他們就完全漏了餡了。記得每次我們說「我們是台灣人，不是中國人」時，他們最常見的回應就是指責我們「寧願當日本人、美國人，也不願當中國人」。老話一句，當年那些視死如歸地幫老蔣「反攻大陸回家鄉」的台灣人才是他們心目中最有「人民主體性」的台灣人，何也？因爲這些台灣人最具有「無我」的精神啊！這麼說來，要期盼泛藍媒體及這些泛藍學者、政客駁斥或最起碼抗議一下新加坡總理在國內的言談，其外長在聯大的演講裡污衊台灣人的民主成果及國格需求，根本是緣木求魚。我只想問一聲，如果台灣是納粹帝國，阿扁總統是希特勒，那請告訴我，一三二八枚飛彈對著台灣、三不五時就說不排斥武力解決台灣問題的中國難道就是被開腸剖肚的波蘭、捷克、荷、比、盧？戰後的德國人和政府至今作了許多努力，要彌補十二年納粹政權所犯下的罪行，泛藍學者、政客和泛藍媒體們，拜託別爲了污衊台灣民主而再在德國人和猶太人的傷口上灑鹽了。

然更可議者是，儘管不承認阿扁的選民有自主性，儘管將阿扁比爲希特勒，潛藏在這些優質中國雅利安心裡的認知其實是：你阿扁連當希特勒的基本條件都沒有，因爲只有優質中國雅利安才可能成爲領袖，才有能力操弄、掌控民粹的。希特勒要抓誰就抓誰，要殺誰就殺誰，咱先總統蔣公做到了，你呢，你後美麗島阿扁只有被我們罵的份！

德國希特勒的「桌子留在這，你跟我走！」之「蔣特勒」版本，隨舉一例，就是「孩子留在這，你們跟我走！」——幾天前，我認識了一位六十歲的女士，她五歲時，蔣介石的特務當著她面前抓走她父母親，從此再也沒看過爹娘的面。講起這一段，那位都已六十歲的女士，圓亮的淚珠立即在眼眶裡打轉，心頭起伏不已，激動到須以手遮臉。這麼喜歡將阿扁比成希特勒的外省雅利安們，靜靜地思索一下德裔猶太哲學大儒阿多諾（一九〇三—一九六九）在一九六二年所寫的一句話吧：「在奧斯維茲之後還能寫詩，簡直是野蠻。」奧斯維茲是波蘭的一個城市，泛藍學者諒必知道，希特勒在這裡蓋的集中營曾經一天之內謀殺掉兩萬五千名猶太人，脫下來的鞋子堆滿一整個大廳，從地板到天花板。

台灣留在這，你們要跟誰走，你家的事。多言無益，有詩爲證：

民氣硬拗是民粹，民主進步您倒退；
枉費活了幾十歲，人民養您白繳稅；
蔣家獨裁不是罪，阿扁當選心就碎；
體貼中國無所謂，可別變成吳三桂！

輯二

理性鏗鏘

變，才無礙

作家黃春明曾在一次訪談中舉浮士德和魔鬼訂約爲例，表達他對台灣這塊土地上的人們正受到魔鬼的誘惑而深感憂心之慮。針對台灣人展現在經濟或政治等層面上所展現之貪婪無厭的現象，他說：「現在魔鬼看到台灣這種情形，我想他會跟上帝說：『上次我輸給你，現在我們在台灣找可以打賭的人。』浮士德變成台灣人。」黃春明語重心長地指出：「桃花源就在我們的心裡，就在我們身邊一草一木，就在這塊土地上。」

毫無疑問，黃春明的憂心是可理解的，而以「浮士德」來譬喻「貪婪、不知足到可以出賣靈魂」的心態和行爲，倒是可以拿來討論，因爲浮士德精神在西方文學裡是有多面性的。例如就英國中古世紀末期劇作家馬羅（Christopher Marlowe，一五六四—一五九三）所著《浮士德悲劇》的結果來看，浮士德的靈魂最後的確是被魔鬼所獲而沉淪地獄，但是在歌德（J. W. Goethe，一七四九—一八三二）的《浮士德》裡，上場時已年過半百的浮士德所展現的不滿，是針對「知識」而言的。其開場白我譯之如下：

畢生鑽研哲學、法學和醫學，
沒事不幸也搞過神學，
到頭來，處處進出處處跌，
依舊愚笨如初沒差別，
要論學問，本人可已經是老爺，
學海無涯，卻是寸步難行，彷如穿小鞋。

與魔鬼訂約之後，浮士德固然透過魔鬼的引介重獲年輕之身、再嚐情欲之美，也得政治之權，但最後關鍵性的那一刻所說出的「且留步，此刻多美好！」（若純依原文表面詞義，可譯為「你多美好！」，然此「你」實非人稱代名詞之「你」），卻非建立在浮士德達到個人私欲之終極時所脫口而出的。不，剛好相反，浮士德是在得知他所領導開闢海埔新生地的工程已完成且將造福眾人後，才講出這句話的。同時須得一提的是，他對在海埔新生地建構期間，一對老夫婦因不願遷離（或不及遷離）而被魔鬼所害，深感難過與自責。於是在對外「造福人群」，對內「天良未泯」的情境下，浮士德準備履行合約。然而簽合約的固是浮士德，定賭約的卻是上帝。而正因浮士德從「個人私欲之追求」變爲「服務眾人之圓滿」，證明了上帝深信「人性本善」之正確，此所以，上帝所派的天使能堂而皇之地引領浮士德之靈魂向上提升的正當性之所在。綜觀歌德《浮士德》一劇，對現狀的不滿，亟求進步與發展，正是日後史賓格勒（Spengler，一八八〇—一九三六）在其大作《西方的沒落》一書裡所指，浮士德的精神是西方文明的代表（與希臘古典文明有異）。史賓格勒的重點不在「與魔鬼訂約的手段」，而在「對現狀不滿，與時並進的精神」，與黑格爾的「正反合」歷史演化論是一脈的。

這麼看來，台灣的藍綠、統獨兩個陣營都是對現狀不滿的，都卯盡全力，企圖改變現狀。然而綠營觀看台灣歷史的目的是要展望台灣的未來，要正名、要制憲、要公投、要入聯等等目標都是一種求變，一種往前看、向前走的求「變」心態，這是正面的「浮士德精神」。再看藍營的一切心態和作爲，包括「眞調會」名爲找出眞相，看似「浮士德求眞的精神」，然一堆泛藍人士聚在一起所念茲在茲的，不正是欲將現狀扳回二〇〇四總統大選之前的原狀？當年眞正爲「魔鬼」服務，當職業學生作抓耙仔，陷害不知多少善良台灣子弟的馬英九不時指稱「追討國民黨黨產是撕裂、挑撥族群」、「民進黨執政無能，只會挑撥族群」，甚至誓言「要將『大中至正』掛回去」，戒嚴時吃香喝辣的宋楚瑜及連戰的國親合之議，企盼恢復當年靠著「軍警情特媒體校」一手抓的戒嚴手段所建構出來的國民黨「大宅門」之獨裁統治，這才是與魔鬼訂約以撇借暴力手段妄想維持現狀，乃至希企將民主倒帶到當年「中國外來獨裁政權」的歷史現場，凡此種種，正是負面的浮士德精神，非向上提升，而是向下沉淪，實乃魔鬼自身也。

最後，有關林玉體教授對國家考試本國史只考「台灣史」，而將一九四九年之前的「中國史」歸「中國史」的看法，之所以受到統派學者、政客和泛藍媒體的圍剿，其實關鍵還不僅僅在於他們擔心台灣人不讀中國史（也沒說不讀啊！），眞正問題之所在，乃是因爲他們怕我們讀台灣史！一旦我們的孩子開始讀完整版的台灣史，他們就會知道，原來至少自一九四九年以來，魔鬼一直就在我們身邊！

黃春明是對的，今天的台灣人的確變得貪婪許多，但那不就是因爲，在歷史、文化、政治的各領域，台灣人一直被禁止求眞，在國家的定位上，一直被禁止尋求任何帶有願景色彩的改變而失去向上提升的可能性後，轉將所有的精力浪費在經濟的貪婪和權力的漩渦裡？向前開展，要「變」，才有可能排除障礙，這是台灣的希望所在。黃春明說了，桃花源就在我們的心裡，就在我們身邊一草一木，就在這塊土地上，而浮士德的靈魂最後因爲他珍惜一塊得來不易的福田「土地」才獲得「向上提升」，這點還不夠我們心領神會嗎？多言無益，有詩爲證：

向上提升浮士德，求眞精神令人折；
縱有魔鬼爲巧兒，不曾或忘正反合；
寄望泛藍有心得，放下屠刀成佛陀；
求變才能死轉活，共爲國家接生婆。

雪地裡的樹椿

「我們就像雪地裡的樹椿，一眼望去，淺淺地平躺在那兒，彷彿輕輕一腳就可被挪開。可，不然，因爲它們其實是和土地緊密地連結在一起的。可是，您瞧，即便這樣扎實的連結看起來也僅是似有若無而已。」雪地裡的樹椿，這個出自於卡夫卡小說《描述一場奮鬥》裡詩意而又寫實的比喻，在思考台灣的過去、現狀和未來時，曾多次浮現在我的腦海裡。幾百年來，台灣人不就像一截雪地裡看似無著的樹椿般，這裡被踹一腳，那裡被推一把，儘管傷痕累累，時而失意，時而失神，甚至偶爾難免也失身，但卻從未失根過。

無花難結果，有根才有本，然而，對作爲漂流兩千年猶太人後裔的卡夫卡來說，「根」並不僅存在於有形的土地裡，而更寄於「看似無著」的精神裡。「不停歇的奮鬥精神，不管結局如何」就是這個精神。看《城堡》，看《審判》，看《蛻變》，無不如此，這可說是貫穿卡氏所有作品的一個「根本」主題。

台灣人的精神支柱在哪裡？

翻開一部台灣百年史，吾人亦可說，若無精神支柱的存在，即便有根也若浮萍。精神支柱才是根本所在，於是，過去，我們問，台灣根的土地在哪裡？今天，更要問，台灣人的精神支柱在哪裡？

就在「倒扁行動」槍上膛、箭上弦的那段時日裡，我在海外關注著這塊土地上的一舉一動，我細讀了昔日民主鬥士施明德堅決倒扁的言詞，細看了當年民主街頭霸王林正杰瘋狂毆打金恆煒的鏡頭，之後，我呢喃自語著：在風風雨雨若干年後，現在是台灣人靜下來，捫心自問「台灣人的精神支柱在哪裡？」的時候了。

要問我，至少一世紀以來，這塊土地上，四大族群的精神之根本在哪裡？我會說：「不停歇地反抗不公不義，不管何時加入，不管結局如何。」仔細想來，先賢和前輩在日本殖民統治時代及兩蔣戒嚴時代，難道僅單單是因爲他們是日本人或中國國民黨之故才對抗之？——不，非也，外來政權本身並不必然造成被統治者的頑抗，遠的不說，英國統治下的香港或是一例。蓋關鍵乃在於「不公不義」的行爲本身，因此同理，大家都會同意，「本土政權」若有「不公不義」之舉，當然亦無豁免權。民主不講私誼，人權不分國界，意義在此。施明德敢舉倒扁大旗，立基於此，就其主觀認知來說，到此，至少看似有理，並無可厚非。

然而，「不停歇地反抗不公不義，不管何時加入，不管結局如何」，重音還得放在「不停歇」。昔日的雷震如此，黃信介如此、鄭南榕如此，今日的辜寬敏、彭明敏、金恆煒、李筱峰，亦復如此。要作到這點，就得像雪地裡的樹樁，能耐得住大雪紛飛的冬寒料峭、形單影隻的孤獨寂寞和三不五時輕視鄙夷的飛來一腳。若「耐不住」而把「踹腳」當「靠腳」，再將「靠腳」作「落腳」，縱然不說是「罪惡」，至少也是回歸了「平凡」，不能再稱「偉大」。眞正的「偉大」原本就不可能「平凡」。要「偉大」而能「不掉」，何其難也！

我寧願相信，二、三十年前的施明德，乃至十多年前的街頭小霸王林正杰至今在心中依舊絆繫著對抗「不公不義」的心境。唯獨，四十年過去了，當年他們所對抗的不公不義的中國國民黨迄今不但未曾對其所犯罪行表示過任何歉意和悔意，尚且依舊屹立不搖，幾百億不義黨產處理入袋不說，甚至還渡海與同樣「不公不義」的中國共產黨以「聯共反台獨」爲名來污衊台灣的民主成就，而那些當年將施明德等人詆毀爲「江洋大盜惡台獨」的某些媒體迄今依舊我行我素，莫說毫無懺悔之意，甚且更變本加厲起來。

坐牢二十五年，而當年關他的政黨，當年辱罵他的媒體，至今依舊屹立不搖，且擺好了準備再接班的態勢，其實，這點對自稱堅持對抗「不公不義」的施明德來說，理應是多麼的情何以堪！

從而，我們擔心的是，在戒嚴時代無法讓「不公不義者認罪」，「自己卻反而必須認罪」的施明德如今在民主時代裡找到了一個權力掌握者——陳水扁總統——來舒緩其當年「對抗不公不義不果」而無法接受的心理壓力。同樣地，昔日街頭民主小霸王亦未能看到「威權的國民黨向他及人民道歉」的結果，最後終成墮落天使而對捍衛台灣人權與民主不遺餘力的金恆煒拳腳交加，某種程度上，不也是在一位論述「權威」身上變態地嚐到了打倒「威權」的滋味。就此看來，作爲權力掌握者的陳總統和作爲論述權威者的金恆煒，分別而同時在解嚴後的今天爲戒嚴時代的「當權者」和「輿論操控者」——中國國民黨——受了罪，說來，還是另類「替代役」的一種。然而，這樣的「移情」，公平嗎？

因此，容吾人提醒，陳水扁總統的權力來源是「人民」和「制度」，不是「槍桿」和「戒嚴」，若有閃失，自有「人民」依「制度」制他。而金恆煒先生的權威是來自於「學識」和「良知」，不是「趨炎」和「附勢」，若有異見，盡可靠「腦袋」

和「嘴巴」駁他。倒扁兼打金，又有掌聲，又有舞台，爽則爽矣，只是請思考一下：當年您在對抗不公不義的國民黨而逃亡時，對當權者給予掌聲，對爲虎作倀者提供舞台的同一批人，今天有沒有在「反扁運動」的台前和幕後進進出出或在場內外爲您吆喝和撐腰？而那個政黨呢？它至少輕聲地對您說了「對不起」了嗎？若有，請讓我們分享，因爲這聲「對不起」，包括陳總統和金恆煒在內的許多人也有部分股權。若沒有，請參考以下這則新聞：

德國一九九九年的諾貝爾文學獎得主葛拉斯（Günter Grass，一九二七—）在隱瞞一甲子後，終於將他年輕時曾在納粹時代惡名昭彰的武裝黨衛隊（SS）裡服役的過去「爆料」出來，一時間，德國、歐洲，乃至世界各國，議論紛紛，有說他在打書（爆料係在其回憶錄出版前夕，出版後，果眞大賣特賣），有說要求他將諾貝爾獎退回，也有的力挺之，稱「遲來的懺悔總比終生的謊言好」。訪談的記者問他，爲何都六十年過去了，還要說出來？

葛氏的簡短回答令我沉思許久：「心裡擱不住。」（Es musste raus.）

既「明德」，當「明理」，他們與您那麼貼切，而您說您沒變，那一定是他們變了，可否就近幫我們問問他們，心裡都「擱得住嗎？」心裡若擱得住，屁股才坐得下啊！

「不停歇」與「似有若無」並不衝突，不，它倆實則互爲表裡，就像雪地裡的樹樁，可能被「埋沒」，但是不會被「中斷」，這是台灣人的精神支柱所在。依此精神，台灣人也會和中國及世界所有被「不公不義」所迫害的人站在一起，再孤單，我們都不會寂寞的。

來吧，也讓我們在心裡手牽手坐一起，就靜靜地坐在雪地裡的樹樁上。多言無益，有詩爲證：

雪地樹樁似無根，乍看不見下半身；
路人隨腿蹬一蹬，不動如山隨乾坤；
有的就勢坐帶蹲，站起就走不知恩；
屁股拍拍留餘溫，天寒地凍向黃昏。

「惑」從口出

五十歲以上的人應該都還記得，在戒嚴時代裡，電視台三不五時會派出記者採訪人民對政府的印象。受訪者的職業從區公所的工友、私人企業的職員、政府機關的公務員、種田的老農民，直到學校裡的男女學生，每一個都感激不盡地表達了對政府德政的千恩萬謝。一九九〇年左右，有一位民主前輩跟我提起這件事時，說了在他們的小團體裡流行著一個相關的笑話，聽了後，至今想起，仍令我忍俊不住，記錄如下：

記者：「阿伯，您今年幾歲？職業是什麼？」

老伯：「我今年已經六十五歲了。我是退休的小學老師。」

記者：「可以談談您對咱國民黨政府的感覺？」

老伯：「我對政府的看法，只有『感謝』兩字。」

記者：「那您最感謝政府什麼？」

老伯：「我最感謝政府給我快樂的童年。」
記者：「咦，可是你小時候，國民黨不是還沒來台灣嗎？」
老伯：「是啊，所以才快樂啊！」
記者：「$#%&*?!」

我會想起這個笑話，跟兩則事件有關，其一是立委蔡英文在美國說：「台灣即便改變國號，也不是改變現狀。」其二則是，當時同樣在美國，親民黨主席宋楚瑜回應其支持者對「橘子可能變綠」之質疑的話：「親民黨創黨以來堅持反對台獨，維護中華民國的路線從來沒有改變。」在這兩則新聞裡，我們看到了「一個現狀，兩個現實」的有趣現象。這「有趣」的背後，至少就我個人來說，值得分疏。

一九八七年夏天，我拿到博士學位後，即自德國返台任教。當時長達三十八年的戒嚴時代剛結束一個月，暌違五年的台灣依舊處處可以感受到黨國體制的怪誕與荒謬。學校外，在戒嚴尾聲裡強行攻堅成立，卻「無法」可登記的「非法」政黨——民進黨——「理所當然地」被視爲是「破壞社會、背叛國家」的總集合，而所有社運團體，只要不是中國國民黨掌控的，一律被視爲是「民×黨的同路人」。

各大學校園裡，教官照舊大剌剌地招募中國國民黨黨員，打學生操行分數，決定哪些不聽話的學生能否考預官等等，校園上下，黨部運作一切如常。而另一方面，方興未艾的異議／學運團體早已此起彼落，不顧打壓地成立了。在這樣的氛圍下，我作了回國後的第一場演講，講題自訂為「師者，所以傳道、授業、『攪和』也」。

之所以將「解惑」代之以「攪和」，是因為我很快就發現，在將近四十年的全面黨國教育荼毒下，大部分的台灣人已經習慣把「現狀」視為是理所當然、不可更動、不容取代、甚至是最好的。換句話說，戒嚴時代裡，在我們的教育裡面，在我們的報紙裡面，在我們的電視裡面，說起「政府」，每個評價都是「正面的」，沒有「批評」，沒有「質疑」，甚至連「建議」都沒有。簡單一句話，「現狀」根本就是人民肯定政府的「獎狀」，而這張「獎狀」就被中國國民黨當成是繼續霸佔台灣的「權狀」。

從而可以證明，儘管當年我們每個高中生都必讀韓愈的〈師說〉，但是只要指涉到社會、政治、歷史等範疇，那就肯定是「道照傳，業照授，唯無『惑』可解也」。理由很簡單，黨國教育之目的正是要萬千學子認識現狀、支持現狀、鞏固現狀，必要時，甚至起而「捍衛」現狀也，如何而能有「惑」？蓋「惑」者，有「二心」也。一旦有「二心」，則意味著有別的選擇，既有別的選擇，對「現狀」的「義無反顧」就有可能會轉成「猶豫不決」，而一旦開始「猶豫不決」，就意味著「優缺點」的比較，結果就是：咦？原來「現狀」也有「缺點」。

任何人一旦意識到現狀也可能有「缺點」，或至少有「疑點」，則「無惑」的教育就可能從「現狀的缺點」轉成「窘狀的缺口」。這點，中國國民黨也不是省油燈，它早有軍警情特加媒體和司法所形成的綿密巨網防備著——那些因覺醒而由此缺口溢出的「漏網之魚」很快就會注意到，「禍從口出」是什麼意思了。至此，我們終而清楚地了解到，戒嚴教育之目標，不但不在於培養學生「獨立思考的能力」，並且養成「心裡有疑惑就應該說出來」的習慣，反而是在戕害之——「小心你心裡想的話，凡是可能改變或質疑現狀的想法，最好不要有，若有，最好別說出來」；「禍從口出」的負面影響就這麼取代了「惑從口出」的正面價值。

幾十年下來，一代又一代的台灣人不是「從來就沒有養成質疑現狀之正當性的習慣」，就是由於驚懼心中的「小警總」而秉持著「閉口以避禍」的原則來看待台灣「現狀」的態度。結果就是，解嚴至今都已逾二十年了，我們還會看到一堆面對中國的「反分裂國家法」時，猶在歇斯底里地哀號著「誓死捍衛中華民國的現狀——從國號、國旗、國歌到憲法——絕對不容改變」的台灣人，是可悲、可憐，抑或可恨？

蔡英文的一句「台灣即便改變國號，也不是改變現狀」，事實上是以「主權在民的普世價值」爲基礎的現狀，已是說得如此委婉，卻仍免不了泛藍人士的交相指責，這更證明了，泛藍的現狀依然是以戒嚴時代的「黨國思維」爲底盤的現狀。無怪乎，於蔡英文，人民對現有國號的「正當性」既已心存疑惑，並確認其「有效性」已出問題，則視需求改變國號、國旗等符號，正是實踐「主權在民之現狀」的合憲行爲，是「惑從口出」的正當展現，何怪之有？而於泛藍，同一事情卻能得出爲「挑釁中國，背叛我國」的結論！寧不荒謬？

爲了證明教育之目標可以跟國民黨的不一樣，我就介紹一篇德國中小學的「國文教材」爲例，以供參考。那是一九七二年諾貝爾文學獎的得主，德國的漢律希·波爾（Heinrich Böll，一九一七—一九八五）在一九五二年所發表的短篇小說〈霸累科家的天平秤〉（Die Waage der Baleks），內容簡介如下：

時間是一八九九年，地點是當時仍屬奧國的布拉格附近某地。該地唯一可提供工作機會的亞麻廠及周遭的廣大林地均屬霸累科家族。至少五代以來，村中男女，一律受雇於亞麻廠。雖然很多人因爲長期吸入製造亞麻時所產生的灰塵而導致肺癆（今謂

「工殤」），他們仍是一群溫馴且知足的人。孩子放學就鑽進樹林裡採蘑菇及香料和調味藥草。這些收穫都只能以超低價賣給領主霸累科家，因爲是他們特許這些孩子進林子的。

故事中的主人翁法蘭茲（Franz）是個十二歲的小男孩，於同儕中最爲勇敢，從七歲開始摘採蘑菇藥草後，再陰暗的樹叢，他都敢鑽進去一探究竟。孩子們採集的成果就直接由霸夫人在一間特爲此用的小屋裡照秤收購。交易工具則是一座裝飾華麗，看來很有歷史及傳統的金銅天平秤，旁邊還放著一個糖果罐，霸夫人心情好時，就會順手抓一顆糖賞給小孩子吃。

在霸累科家族專爲村人訂下來的許多不成文的法律裡有一條是，村人不得在家裡私置天平秤，任何人犯了此禁，將立刻失業，並須搬離家鄉。這條禁忌已經如此年久月深，沒有人想得起來，到底是何時以及爲什麼出現的。而由於那座天平秤看起來挺有威嚴，不像會有問題的樣子，也就沒人想到去違犯這條禁令。

一八九九這年，奧皇決定在一九〇〇年元旦將霸累科家封爲貴族，霸家乃宣布，除夕那天賞賜村裡每戶人家進口純正巴西咖啡一包，重四分之一磅（約爲一二五公克）。當天下午法蘭茲就代表自家及三戶鄰居去堡裡領咖啡。到了堡裡，霸夫人正上下忙著。小屋裡只有一個女僕和四包一二五公克的原裝咖啡，桌上天平秤的秤盤上則仍放著一顆上寫二分之一公斤（即五〇〇公克）的砝碼。女僕伸手進罐裡想給法蘭兹一顆糖的時候，卻發現糖罐子空了。於是，她就讓他一個人在小屋裡等，自個兒補糖去也。

小男孩一伸手就抓起那四包咖啡往另一個秤盤上一擺，結果，他吃驚地發現到，放著二分之一公斤砝碼的秤盤竟然低沉在下，而那另一個放著四包一二五公克的秤盤則是高昂在上，至於當中的指針當然也不在正中黑線上，而傾向砝碼那邊了。法蘭兹掏出一向放在口袋裡的小石子來，一顆一顆地加上去，直到第五顆，兩盤平衡了，指針才正指中央黑線。

女僕回來時，法蘭兹拒接糖果，也只肯拿三包咖啡，只說要和霸夫人講話，但是女僕不准。於是，他手裡緊捏著那五顆小石子，提著三包咖啡，走了兩小時左右，過了好幾個村子（他知道，他們家裡都沒秤），才到了另外一個城裡的藥房。他請藥劑師用藥秤稱那五顆小石子，一稱，是五十五公克。霸累科家的砝碼超重了十分之一！

法蘭兹連夜趕回家裡。被爸媽揍了一頓後，他就拿出自己記錄所得的小簿子算將起來。算到半夜，他向他父親說了他發現的事，並說：「霸累科家欠我十八馬克三十二芬尼。」

第二天一早，霸累科夫婦乘著已打上貴族徽記的馬車來到教堂時，發現每一張臉都是鐵青的。當霸夫人問法蘭茲，爲何沒拿走咖啡時，他當眾掏出那五顆石子說：「因爲你還欠我五公斤的咖啡！因爲你家公正的天平秤上的砝碼超重十分之一！」

同一時間，有人潛入堡裡那間小屋，偷走了天平秤及一本上載每筆交易的大帳簿。大年初一整個下午，村人就聚在法蘭茲家計算前後五代共被騙了多少錢。清算已累積到幾千金幣。但還沒算完時，治安隊長就已帶著武警殺了進來，搶走了天平秤，帶走了大帳簿。法蘭茲的小妹當場被流彈打死，武警收隊，村人收屍。

接下來幾星期，各村騷動，亞麻廠停工，最後武警威脅村民，若再繼續罷工，就統統抓起來。然後，霸累科家又硬逼著牧師，在學校裡公開操作那個天平秤並宣稱斤兩輕重完全正確無誤。結果，村民又回去工作了。

法蘭茲一家被迫離開家鄉及小妹的新墳。他們不在任何一地久留，因爲他們實在看不下，每個地方的秤都有問題。而如果有人有興趣的話，他們還願意告訴他有關霸累科家以及那座天平秤的故事。但是，幾乎沒人有興趣聽這些。

這篇故事從六、七〇年代起就被許多德國中小學拿來作爲國文教材。由於它兼及「禍從口出」及「惑從口出」兩者間的弔詭關係，所以非常適合拿來作爲討論「傳統、現狀、權力」之主題。我們可以想見，納粹帝國能橫行十二年，和人民的溫馴及政權的洗腦教育有一定的關係，這篇就是當年我回國後在第一個演講裡所用來「攪和」的基礎。沒想到，將近二十年過了，它依舊有效。多言無益，有詩爲證：

台人本非冷冰冰，洗腦洗到頭暈暈；
禍從口出人人驚，惑從口出才正經；
法統傳統靠大兵，老K的話不要聽；
你我不再努力拚，台灣國家永難興。

我在思故我——沒有「旗」，哪有「國」？

午後，我唏哩呼嚕吃完拉麵從店門跨了出來，適才還熱騰騰的身子立即暴露在冷颼颼的空氣裡。我拉起衣領，瑟縮地走在路上，抬頭瞥見一間店頭門口掛著張寫著「×××旗艦店」的招牌。我笑笑，腦海裡浮出：「『陸上』怎麼會有『旗艦』？」的想法。隔壁小吃店的電視裡傳出泛綠和泛藍兩陣營對中國制定「反分裂國家法」意見紛歧，以及藍營要不要參加「反『反分裂國家法』」遊行的報導。我佇足看了一會兒，瞬間，「旗艦」轉為「歧見」。我搖搖頭，告訴自己，在「國家認同」一事上，被稱為太平洋永遠不沉之航空母艦的台灣，其實才真是個貨眞價實、如假包換的「歧見店」呢。被若此無比巨大的歧見分裂的台灣將如何進行令人無悔、無恨也無憾的和解？危機如何轉機？我擔心了起來。

我想起日來某些報紙、電視台和政治人物及學者爭相附和中國領導人「『反分裂國家法』是針對『台獨分子』，不是針對『台灣人民』」說法的嘴臉，眉頭不由自主地皺了起來。可，不由「自主」，這四個字不正是極權的共產中國想要加諸於自由的民主台灣身上的禁錮嗎？當年，老K以「言論叛亂」爲名，不分省籍地將所謂「台獨分子」、「共產黨」等知識分子、平民、公務員，甚至軍人抓將起來殺、關、禁、管；如今，因著前人的犧牲，台灣好不容易才勉強建立起來「人權是普世價值」的共識，竟然在備極艱辛的民主化歷程後，不但海那邊，要面臨中國強悍霸權的威嚇，海這邊，還要容忍一批準備以「民族大義」來犧牲「小撮台獨」的人士在和中國眉來眼去。可偏偏，這些人中卻不乏是當年老K政權裡的文武打手。過去，老K說「台獨非中國人」是個罪名，今天老共說「台獨」不是「台灣人」，還是個罪名！

我面紅耳赤的頓足在地，腦海裡一幅又一幅知名和不知名被槍斃後的破碎屍身，一個又一個破碎家庭……我想起多少年後老K及其文武打手所說的「不要向後看！要向前看！」這句話，也想像著，那些不分省籍、不分性別和年齡被老K從背後一槍兩窟窿的死難者在被槍斃時，不都是在「向前看」嗎？此刻，日前某政客一句尖酸刻薄到近乎幸災樂禍的話「都是台獨惹的禍！」浮現我腦海裡，「無比歧見」忽而又轉了。「其賤無比！」我幾乎要脫口而出。

我馬上提醒自己，這樣是不對的，或至少是不好的。「和解」不能是這樣開始的。二十八歲前的我不就是那樣？滿腦子「中國何時入夢來？」「台灣隨時管他去！」的想法，不管人到哪裡，都準備當「中國」的「旗艦」。看到青天白日滿地紅的國旗就抬頭敬禮，聽到「三民主義，吾黨所宗」的國歌就肅然起敬，喊起「中華民國萬歲」的口號無不悲壯莫名，兩隻眼睛望向海峽對岸，一顆熱心跳往神州大陸，那時，哪能了解「作為台灣人的悲哀」？那時，我根本不是「台灣人」！

我思故我在，西哲法人笛卡爾（一五九五—一六五〇）如是說，以「思」來作其不為「行屍走肉」之明證，後世多人更不約而同、積極地說「我在故我思」，以「思」為人生之「超越自我」的不二法門。今日，午後，在一條寒風瑟瑟的路上，站在街口，我在思故我，自問，如果「現在的台灣」還不能超越「過去的台灣」，那，還會有「未來的台灣」嗎？到底，台灣人的悲哀還在哪裡？

我想了又想，手機忽然響起，是則簡訊，泛藍高層要求阿扁總統和綠營人士，「三二六」遊行那天如果人人手舉中華民國國旗上街頭的話，他們就考慮一起參與示威遊行。噢？向中國抗議前，還得先向他們心目中的「台獨分子」開條件？我想起，也不過是多久以前的事，呼嘯著「阿扁竊國！」的泛藍支持者在總統府前的凱達格蘭大道上以繫著巨幅國旗的竿子作為攻擊武器的情景，我想起，美國某僑社將阿扁總統的照片拆卸在地，而僑委會就此答覆某立委的質詢時，竟委屈到得說：「不過，還好，他們並未拆下中華民國的國旗。」受制於「中華民國」和受制於「中華人民共和國」固然有本質上的差別，但是對不能擁有自己國家的台灣人來說，結果則一：何時才能結束「獨在家鄉爲異客」的宿命？他們說：沒有國，哪有家？我們問：沒有「旗」，哪有「國」？

綠燈亮了，還好我沒開步，一輛轎車硬從左邊闖了過來。我無暇瞪他，索性站在原地想著，那個年頭，當學校的課本裡和電影院裡的銀幕上都充斥著「四行倉庫送國旗」的感人故事和畫面的時候，鬱卒的台灣人面對那一面不能代表他們卻能壓制他們的「青天白日滿地紅」的國旗時，都在幹什麼？我發現，台灣人的悲哀還在於沒有一面屬於這塊土地、訴說著先民苦難、驕傲、汗水摻淚水的國旗，一面可以讓他們高興時擁抱、悲傷時透過「擁泣」產生「勇氣」的國旗。因此，這種沒有自己國旗的缺憾，就透過對那面外來國旗加上外來國歌的嘲弄來消解。

「二二八」之前的台灣人搞不清楚「青天白日滿地紅」的上下、正反或左右的場景，「悲情城市」電影裡甚至透過連「保正」都將國旗「弄反」的安排來凸顯代表「外來」政權之國旗的「陌生」與「恐懼」——搞錯是可能被「槍斃」或「關」起來的。「悲情城市」的電影是一九八九年上映的，到了一九九四年，吳念眞的電影「多桑」中，還是有多桑把國旗上的「白日」塗成「紅色」的情節出現。幫女兒作家庭作業爲國旗上色的多桑被責怪後，尙且說：「你什麼時候看過白色太陽……當初作國旗的人不識字，你也跟著笨？你沒看過日本國旗，人家太陽是什麼顏色的！」撇開以「日本國旗」爲準外，多桑這個動作和這些話其實透露了「台灣人依自己的歷史經驗和詮釋來設計自己的國旗」的壓抑，雖然不一定代表作者的想法，但吳念眞的細膩由此可見。

將「國旗」納入對應老K政府的強悍統治當然非自解嚴後才有。黃春明在他那篇早於一九六七年發表的小說〈溺死一隻老貓〉裡，就以輕描淡寫的一句話開展統治者如何欺壓在地人的那一幕──村幹事把國旗掛好以後就不見了。接著村長來了，鄉長也來了，然後眾人認識的「劉巡佐」外，還出現了「五位陌生的外地警察」及三位沒見過的「穿西裝拿扇子的紳士」，其中一位是從頭到尾沒有名字、卻主宰一切的「主委」，當然是老K的地方黨部主委無疑。會後，強力反對在「清泉村」蓋泳池的阿盛伯就被不會講台語而需要村幹事翻譯的「主委」請去問話，重點在：「在背後是不是有人唆使你這樣做？」阿盛伯乾脆地回答：「沒有！」理由是：「因爲我愛這塊土地，和這上面的一切東西。」故事的結果是，抵制無效，阿盛伯等人被抓到警察局。放出來後，阿盛伯跳進泳池，淹死在裡面。對了，開村民大會而造成阿盛伯被約談的那一幕，黃春明將之取名爲「民權初步」，夠諷刺了。

二二八事件加上長期的白色恐怖，台灣人面對「外來政權」的國旗、國歌，甚至國父遺像時的態度，與其說是表面上的「唯唯諾諾地畢恭畢敬」，不如說是心理上「偷偷摸摸地虛與委蛇」。一九八四年，王禎和（一九四〇—一九九〇）的長篇小說《玫瑰玫瑰我愛你》問世後，隨即獲得佳評如潮，立受矚目及討論。時隔二十年，今日要探討台灣文學如何回應那個年代的時空環境，這部小說的重要性，絕對不容忽視。而儘管王禎和在書前扉頁裡的兩點聲明之一就是「這是一部限制級的笑話小說」，吾人確有十足必要指出，其中暗藏玄機，十分嚴肅的玄機，指涉的是台灣人在沒有「名實相符的國家符號」可擁抱和感動的情況下，如何以負面表列的方式透過文學呈現出他們對「外來之國家符號」的嘲諷態度——那是個對大多數台灣人來說，「名實相符的國號、國徽和國歌」仍是個禁忌的年代。隨舉一例如下。董斯文（男主角）在飯店裡洗澡，邊洗邊就想起第二天要辦的事：

才出浴沒多久，包皮略長的生殖器尚未翻洗，便乍猛想起這一個嚴重的問題來。明天就要舉行的吧女速成班開訓典禮，是不是也要仿照學校的週會——開始時要來套全體肅立、唱國歌、向國父遺像行三鞠躬禮……的儀式？可是……怎能讓 prostitute（妓女）唱國歌，向 國父遺像行三鞠躬禮？see……憲法也無規定 prostitute 不可以唱國歌……誰能否定他們的基本人權？這一結論，叫他愜懷至極，當然也叫他放了一個響屁……

毫無疑問，英文系畢業的王禎和在戒嚴時代把那部外來憲法拿來和基本人權、妓女、放屁及翻過包皮的生殖器混在一起，當然有引人將憲法——constitution，constitute——與妓女及賣淫——prostitute，prostitution——連結起來的可能性了。

紅綠燈不知換過多少次了，這一次我決定善用我的權利，當馬路的主人，看看還有哪輛車敢闖紅燈。邊走，我腦海裡還在想著，「三二六」那天，我一定上街頭，至於「國旗」，在泛藍不清楚表達對「台獨也是台灣的選項之一」的尊重之前，可別強逼我拿。多言無益，有詩爲證：

自由民主在台灣，沒人可被抓去關；
人權要再翻兩番，中國才可台上端；
不願西向亂高攀，寧在此地自尋歡；
藍綠都應心放寬，砸腳何須自搬磚。

「台灣」、「光復」有過節

十月，據說是光輝的，是屬於慶典的，在兩蔣戒嚴時代，是「必須」舉國同歡，普天同慶的。「舉」國與「普」天，簡單說，就是「一律」的意思，指的是「全國軍民同胞們」，包山包海，沒有例外。需注意的是，「全國軍民同胞們」是讓統治者指稱他的「臣屬」，所以他是唯一的「例外」，所有的「一律」都是不及於他的，因爲作爲獨裁者，他是「一律」的發動者，而非「接受者」。

「一律」，等於英文的「uniform」，後者源自拉丁文，字面的意思就是「一式」，隱含「不得有異」——從外表到內心或腦子裡都是「一無二致」的。「慶」指的是外在的動作，「歡」是內心的感受。配套設備尚有「家家戶戶掛國旗」和「萬眾一心呼口號」，則是結合「外在」和「內心」的具體「uniform」之呈現。不過，在解嚴後，民主概念及制度的普及已不容許這種現象存在，此所以，擁有八十萬選票、集愛盟成員和職業學生抓耙仔於一身的馬英九在擔任台北市市長時，也只能來硬的，才有辦法重溫和意淫戒嚴時代「旗海飄揚」的統治快感——下令轄下所屬公立機關行號等單位以公款高達兩百萬台幣的金額購買三萬五千隻國旗海插北市各地，而且還從十月十日的「國慶日」插到十月二十五日的「光復節」。蓋「旗海飄揚」就是往昔統治者每逢重要慶典時為全體國民所穿上的「制服」也，沒有別的選擇，就此一家旗幟鮮明。就此觀來，當年新黨趙少康及其支持者手揮巨幅國旗滿場飄揚與阿扁拚台北市市長時所呼喚的「新秩序」，說穿了，其實就是要恢復解嚴前的「舊秩序」也。

依奧地利作家布洛合（Hermann Broch，一八八六—一九五一）的看法，「制服」的功能就在於抑制不安、騷動或異端以維持秩序。當然，指的是威權或統治者的秩序。準此，凡在戒嚴或極權統治下成長的人，看到「制服」（含帽子或其他配件，uniform）一詞，「軍人」或「警察」立即浮現眼前或腦海，舉世皆然。「軍警」兩字在台灣合成一詞，也就不足為奇了，或甚至雖然有各種制服，但是「制服」幾乎就變成「軍警」的代名詞了，如林雙不小說〈黃素小編年〉裡的描述：「槍聲響起……幾個穿制服的人撲上來，把黃素推向路旁的一輛卡車……一天清晨，三名穿制服的人走進囚房，拖起黃素。」這篇寫的是「二二八」，自此直到六、七〇年代，統治者的制服除了「軍警制服外」，莫忘了還有情治安全人員所慣穿的「中山裝」，如吳豐秋的〈後山日先照〉裡所述：「當時在場的一些穿中山裝者企圖以威權壓人……」

威權壓人，對台灣人來說，絕非起於國民黨來台之後。在吳濁流的小說〈陳大人〉裡，穿著殖民統治下日本人警察制服的台灣人陳英慶，就囂張到連借用騎樓劈竹片的親舅舅（台灣人的「母舅」何其大！）都敢踢帶罵：「算來要叫你阿舅，」陳大人傲然指著頭上那頂巡查捕的帽子接著說：「可是，我有了這頂帽子，再不能叫你阿舅。」大人走時，還將「佩劍弄得鏘鏘作響，裝模作樣地跨起大步，鞋音得得而去。」制服、帽子、佩劍、皮鞋，一應俱全，構成一幅穿著「制服」的統治者代理人「制服」了被統治者的完整圖像，正如之後被母親責罵時，陳英慶所說：「我不是尋常人，是官，是大人。這頂帽子是日本天皇所賜，有這頂帽子，哪有阿舅，無論什麼人都可以打，可以縛。」

值得一提的是，英文「uniform」也好，漢語裡的「制服」也好，都既可當名詞，也可當動詞，高大在上者壓制卑微在下者，此所以「制服」可與「制伏」通之故。這種權力所有者與權力對象之間的關係發展到極致時，連穿在銀行服務員身上的制服都能發揮象徵「權力」的功能，如卡夫卡在其力作《蛻變》裡所述。

父子之間的緊張關係在卡夫卡的生命及作品裡均扮演著極其關鍵的角色，尤其在

《蛻變》裡，原本在父親病後成為家中經濟支柱並因而取代之前專屬父親一家之主地位的兒子，在蛻變為一隻有口無言、有腿無手、在家人面前再也站不起來的怪異甲蟲之後，發現之前「病懨懨，穿著睡袍，整天不是捲縮在被窩裡，就是萎坐在靠椅裡的父親」，一夕之間竟然筆直有力地站立在他前面，上下易位，主客易勢，明顯不過。毫無疑問，卡夫卡透過父親之「高高在上」和兒子的「匍匐在地」之間的抽象對比來呈現了「權威」的具體所在。而卡夫卡為了替此「權威」的分量加碼，除了把父親原本無精打采的神態代以「一雙濃眉下炯炯有神、逼人不敢直視的雙眼」外，更將鬆寬的睡袍換成銀行服務員之「帶著閃亮發光金扣的筆挺制服，高領豎起，配上繡有金字的小帽」。在此，「制服」，儘管只是銀行服務員的制服，卻是關鍵字，它象徵著早自十八世紀中葉起就躍躍欲起的普魯士軍國精神，及十九世紀末、二十世紀初德意志／奧匈帝國的強悍國勢——《蛻變》出版於一九一二年，兩年後，第一次世界大戰即爆發。

「制服」既然代表著權力、統治者，代表勝利的一方，那也就難怪，日本戰敗後，飽受日人欺凌的台灣人在基隆碼頭人手一隻小國旗地迎接「祖國」軍隊時，看到「每一位士兵都背著一隻傘。有的挑著鐵鍋、食器或鋪蓋等」時（吳濁流〈波茲坦科長〉），失望之情不禁溢於言表了。然而，他們還是善意地爲「祖國」解釋：「那雨傘不是雨具啊，那也是武器的一種呀！」等等，正如「二二八」劫後餘生者余聲潤在藍博洲的《藤纏樹》裡所作口述：「下船後，我看到港口附近有許多穿著草鞋、邊走邊吃香蕉的國軍，可是我並沒有因爲他們穿得不好就看不起他們。」只不過，這種感覺並未維持太久：「然而，當我親眼看到一個國軍用刺刀買東西時（指鴨霸），我就開始對這樣的『祖國』打了問號。」顯然，尖銳的刺刀取代了鬆懈的制服去維持，甚至執行了統治者的威權，這也解釋了，何以台灣人所看到的蔣介石本人或肖像，不是穿軍服，就是中山裝。

經歷了這些，對「光復」的意涵，台灣人開始揚棄「一律制式」的思維，而注意到「一律」與否，其實並不必然，而是依統治者的需求。例如，同樣是戰後，韓國人是韓國人，中國人還是中國人，連戰敗的日本人也還是日本人，唯獨台灣人卻變成中國人。而同樣在中國和韓國都叫「光復節」，且都是八月十五日，偏偏在此地稱爲「台灣光復節」，而且是在十月二十五日。我們不由不佩服鍾肇政敢於一九六二年的小說《流雲》寫出以下的字語：

特別是光復這詞，它的音韻，它所引起的聯想——這兒得說明一句，這時的台灣人多半對這個詞還沒有正確的觀念，它所包含的眞義，在人們心目中還只是個模糊的概念而已——是極其奇異的。光復的日文發音恰與降伏或降服雷同，所以無條件降伏也就是無條件光復，二者混淆不清，沒有一個人有眞切的領會。

雖然其後的片段，顯係自保之故，鍾肇政行文已有修正，但今日讀此，能不鼻酸，能不爲台灣人被統治者的「光復節制服加刺刀」式的馴化過程裡所犧牲掉的生命和自由而喟嘆？再對照看二十三年後龍應台寫在「中國時報」人間副刊上的文章〈啊！光復節〉裡（一九八五·十·二十六，後收於《野火集》），明明寫的是台灣，全文卻徹徹底底地只有「中國人」，不見一個「台灣人」，能不教人擲筆三嘆?!至於她在台北市文化局長任內，和馬英九市長在「二二八紀念館」裡辦「台灣光復節特展」的舉動就更讓人難以理解了。說眞的，那還不如張曉風所說的：她曾描寫一篇散文是關於光復節時，總統觀看蛙人表演，典禮沸騰著反共復國的宣言，她卻從中瞧出一絲悲傷，因爲知道：「回不去了。」

泛藍從當年的趙少康到如今的馬英九都在嚮往著戒嚴時代「美好的舊秩序」，而舊秩序是什麼？中文叫「民可使由之，不可使知之」，傅科則會說：「一個狡猾的統治者，會讓他的臣民只注意到『統治者的主體權勢之存在』而非『他們被統治的事實』，只會讓他們感受到『臣服』的必要，而非『被制服』的事實。」

我們被「制服」已夠久，我們「蟄伏」已多時，我們要有血有肉的新憲，不要行屍走肉的舊憲，要名實相符的國號，不要表裡不一的門牌，要唱能讓土地芬芳的國歌，不唱空洞虛無的黨歌。

是台灣人就不過光復節，因爲「台灣」和「光復」有過節，多言無益，有詩爲證：

台灣光復有過節，獨裁政權有夠邪；
大人走了來老爺，千篇一律沒區別；
善的好的都沒學，盡是給人穿小鞋；
走過黑暗多少年，酸苦辣味終轉甜。

有烏青才敢大聲

傳說早年在美國有很長一段時間，許多黑人由於從小就被奴役而時時生活在恐懼的情境裡，驚恐之餘，竟由於不時看到鏡中嚇到全身發白的自己，而一度誤以爲自己也是白人。直到二十世紀、六〇年代末期，黑權伴著人權，終於喊出震撼世人的「黑就是美！」（Black is beautiful！）自此，黑人終於掙脫認同白人的陰影，從而開始活出自己，雖然至今待努力處猶多。

依循前述，看看台灣過去五十年的國民黨獨裁統治史，想想從一九四七年的二二八事件，接下來長達二、三十年的白色恐怖，直到一九八〇年代的林宅血案及陳文成命案。或許吾人亦可說，至今仍有許多台灣人將身上受迫害所殘留的「烏青印記」誤認爲是「泛藍胎記」，而沾沾自喜於其「中國」成分。那麼，一旦有人大聲點出「那是人爲的烏青，而非天生的泛藍」時，這些「假中國人」以及迫害者的餘孽當然就難免渾身不自在了。

我這裡所稱的「烏青印記」並不必然是「個別命運」，而主要指的是這塊土地上幾代人的「受迫害共同記憶」，這些共同記憶在黨國一體壓台灣的年代裡以不同的形式四處流竄、逃隱、彎腰、駝背、掩面、易形、變裝、低聲、細語、伺機、傳遞，直至被硬烙上的「泛藍」終被掀掉，蒙塵已久的「烏青」終被顯示，人們的疼痛與憤怒才終於可以發聲了。而一旦發聲，其沛然莫之能禦的力道可想而知，「有烏青才敢大聲」之故在此！解嚴後，國親新三黨節節敗退之因在此！

然而，餓死的駱駝比馬大，「泛藍」既然能壓蓋「烏青」半世紀之久，當然不會輕易認輸，更別說認罪了。例如反覆出走政黨的兄妹檔立委李慶華和李慶安兩人前後以近乎抓狂的姿態企圖羞辱歷史學者杜正勝部長，宣稱不承認這個「僞」政府的「僞」部長，正是一例。很多人都在問，杜部長先前以學者的身分提供台灣另類角度的地圖和呼籲以同心圓的觀念來看台灣史的動作，有這麼嚴重嗎？我認爲，當然有的。因爲，毫無疑問，另類角度看台灣地圖、看台灣歷史將會引發另類角度看台灣文學、看台灣教育、看台灣文化、看台灣過去、看台灣未來的連鎖反應，而這些都必然會引出「去泛藍、顯烏青」的結果，這才是李氏兄妹所代表的親中反台心態所眞正害怕的。簡言之，星星台灣火就將急急燎中原，焉能不怕？我們再問，剛毅到幾近木訥的學者部長杜正勝哪來的勇氣（或曰「正氣」），敢不卑不亢、嚴陣以待地回應李氏兄妹的挑釁和羞辱。答案絕不是某些自認聰明者所說的「白目膽敢扮黑臉」，而正是「有烏青才敢大聲」的自然反應。

當我們換個角度看台灣地圖時，不也意味著，看到台灣近五十年來被「泛藍」外來政權統治的結果就是歷史和政治的滿目瘡痍及烏青遍身。歷史、政治如此，從文學的角度來看，何嘗不是如此？國民黨的「國語文教育」不一直都是在將這塊土地上人民身上的「受難烏青」裝飾成「受洗泛藍」?!

接觸過任一外國文學史後，我們都會注意到，在台灣，中國文學史是以「朝代的文類」來編定的，如唐詩、宋詞、元曲、明清小說等；而外國文學史，以德國為例，則是以「時代的思潮」來當指標的，如人文主義、文藝復興、宗教改革、啓蒙思潮、理性主義、古典主義、狂飆時期、浪漫主義、寫實主義等。兩相比較之下，不難確認，德國的文學史必然與其文化史、思想史、政治史和社會史有極為密切的關連。也因此，在二次戰後的德國，上過「國文課」的中小學生對「文學」的認識必然與那塊土地所發生的歷史、社會和政治事件或思潮緊密結合，是以，他們在文學閱讀過程裡所體認到的美學經驗中，純粹的「文字之美」、「意境之雅」或「結構之嚴」非屬前餐，即為點心，眞正的主菜乃是透過培養「批判意識」所建構出來的閱讀快感——從文學作品中習慣面對「不同價值觀的衝突」、學習憐憫「角色的不幸遭遇」、深度了解「作者的人道關懷」、培養傾聽「對不公不義之控訴」。簡而言之，透過文學閱讀之訓練來養成青年學子的政治敏感度以作為「批判意識」之基礎，是德國學童的「國文課」之重要教育目標，例如以下布雷希特（B. Brecht，一八九八—一九五六）於一九三八年寫的一首短詩，就是德國高中一年級以後的國文教材，其背景則是希特勒自一九三三年五月十日起，直到一九三九年公開燒毀所有不合納粹政權口味的書：

焚書

當政權下令公開銷毀有害的書籍時
來自各地的牛車一拖拉庫一拖拉庫
滿載著書籍運往柴火堆去準備燒毀
某個被追捕的一流作家細讀黑名單
驚訝地發現他的名字居然被漏掉了

他怒不可遏止地給當權者寫了封信
抗議他們漏掉他而要求燒掉他的書
理由是他在書裡頭向來都是寫眞話
如今當權者待他卻彷彿他是說謊者
所以他命令當權者立刻燒毀他的書

不消說，讀這首詩，必然指涉到文學與歷史及政治的關係，而這也是該詩被選爲教材的主要原因之一！回過頭來看，泛國民黨過去半個世紀以來在台灣所進行的「國語文教育」之目標，卻正在於透過「政治運作」進行全面性地去政治化：第一個步驟就是完全排除「台灣文學史」的可能，不但日據時代的作家被完全漠視，彷彿呂赫若、賴和、張文環、吳濁流是完全不曾存在過，甚至至今依然筆耕不斷的鄭清文、李喬、鍾肇政等人的作品在國民黨主政的時代裡，根本進不了國家教育體制內的文學殿堂。他們處心積慮地連根拆散這塊土地與其文學的關連，目的正是要將土地與人民身上的「台灣烏青」假飾爲「中國泛藍」。

試想，台灣的學子若有機會讀到呂赫若（一九一四—一九五一）短篇小說〈月光光〉，看到台灣人房東只肯將房子租給只講日語的台灣人，而逼使莊姓主角命令其不會講日語的小孩和母親竟日待在家裡，我們會作何想？再讀到，小孩耐不住無聊，到院子裡玩耍，不小心說出台灣話而遭房東大聲斥喝後，嚇得跑回家裡，以免露出馬腳的窘境，我們能不聯想到國民黨接替日本人統治台灣、直到宋楚瑜當新聞局局長仍在禁止方言的年代？再讀到小孩的阿嬤由於不忍乖孫被關在屋裡，而終於忍不住對著其實也是在委屈自己的兒子說：「我們是要在此永住的……我們是台灣人，台灣人若老不可說台灣話，要怎樣過日子呢？」我們會不察覺到，身上的「中國泛藍胎記」原來是「台灣烏青印記」嗎？讀此小說，能不兼讀台灣史嗎？而設若，我們、我們的上一代、我們的下一代都讀了台灣史，今天的國親還敢如此囂張嗎？舉德國的國文教科書之有來對比台灣國文教科書之無，本文目的在此。多言無益，有詩爲證：

獨裁政權有夠殘，清洗台灣眞野蠻；
烏青本將記心寒，竟被裝飾成泛藍。
嚴禁回憶嚴禁談，犯禁嚇得腿痙攣，
一朝蒙塵被掃完，大聲嗆到他翻盤。

休「妻」與共？——誰在「反對台灣，捍衛併吞」

由於「男女」之間的「體力」之差距懸殊是天生的不平等，因此凡是涉及「權力」論述時，弱勢者就常引用男方對女方進行「逼婚」，甚至「強暴」的惡行來凸顯其對強勢者的「侵略」行爲之抗議或控訴。這種情形放大來看，尤其當強悍的中國以「統一」之名要強行併吞相對弱小的台灣時，很多人就自然而然地引了「逼婚」之例來比喻中國的惡霸行徑。前民進黨主席游錫堃在「反對併吞，捍衛台灣」誓師大會上演講時，就再引他於二〇〇二年十一月二日於台中一場「愛和平、反飛彈」的晚會上曾舉的「逼婚」例子，向擠爆會場的民眾控訴中國制定「反分裂國家法」之舉措：

台灣就像年輕貌美的姑娘，而中共宛如彪形大漢般拿槍追求，要求姑娘嫁他，姑娘禁不起糾纏，禮貌性表示雙方可先約會，但還不到談論婚嫁地步，彪形大漢不滿意，威脅必須馬上結婚，並冠上夫姓「中國」，否則就要開槍。

再細膩一點地往前推，這個例子的背後，其實深藏著台灣人和台灣這塊土地除了

「母子」之外，另一層關係的可能性：夫妻，至少是未婚妻或早已論及婚嫁的男女朋友。易言之，台灣是屬於兩千三百萬的台灣人的，同時，兩千三百萬的台灣人也屬於台灣這塊土地、這個國家，不管裡面有多少的獨派、統派和併吞派。台灣人「反對併吞、捍衛台灣」的決心其實也是一個丈夫、未婚夫捍衛其愛妻、未婚妻的決心。

游前主席這個「逼婚」例子之所以值得一提，是因爲它圓滿了每一個男人對「母親」及「妻子」的感念之心與歸屬之情。在此，女性同胞和男女同志朋友們請見諒，採取「男性沙文」角度，絕無「忽視」之意，只是純爲論述簡便而已（我知道，光是貪圖這個「論述簡便」就已是個罪過）。

當然男女之間的惡質面關係是多向的，除了「逼婚」外，「搶婚」、「騙婚」甚至「強暴」都算。至於例如二〇〇五年李前總統針對「扁宋會」十點聯合聲明所說，之後並由李安妮轉述的「叫你相親，沒叫你上床」則算是「失身」之例。不過時間會證明，到底是誰「失身」，甚至或許是「驗身」而非「失身」，也說不定。

差不多時間前，謝長廷先生擔任院長猶正邀江丙坤任副閣揆時，國民黨發言人張榮恭就曾說過：「行政院只給一點時間，只拿出一個位子，就希望國民黨在特定時間內放人，搶婚也不過如此。」

當然，有鑑於台灣在過去幾百年的歷史裡一直經歷著被「強佔、侵犯、糟蹋」的命運，可想而知，在台灣文學裡必有「凡走過，必留下痕跡」的對應。邱永漢在《女人的國籍》（中文版一九九五發行）裡就直接以「女人」隱喻「台灣」，而其一生之漂泊不定，正是傾訴著台灣經手於「西班牙、荷蘭、明鄭、清廷、日本和中國」之間的命運。

至於吳濁流的小說〈波茲坦科長〉，台灣女子玉蘭在日本時代被日本人的語言和服裝所惑。等到中國國民黨接替日本政權統治台灣後，她就被中國來的漢奸范漢智的外表和「帶舌音的國語」所愚而與之結婚，最後才發現受騙。嫁了個漢奸、貪官和奸商。

更令讀者深感震撼的，是李喬長篇歷史小說《埋冤一九四七埋冤》裡，於二二八事件裡被國民黨的軍人輪暴而懷孕的台灣客家女子葉貞子之命運。葉貞子就讀台大醫學院時親身參與了二二八事件。她決定把「孽種」生下來，並取名爲「浦實」，李喬特別指出，係因與日文「恨」同音。

爲該書作序的學者李永熾指出「貞子」的命運與台灣的關係：「以台灣這塊土地而言，她就不時被強暴，被強暴後總留下一些『雜種』，同時也產生了認同問題。」

我在此要指出的是，故事結尾時，除了十分認同台灣的「浦實」考上「建國中學」外，改名為「貞華」且受了刺激、轉而認同外省文化及大中國的貞子，卻在終於接受同為老師的台灣男子楊武雄的求婚後，在新婚時因無法克服當初被「輪暴」的夢魘而離婚。

十多年後，已婚而又離婚的楊武雄再出現在貞子的眼前，並陪她和「浦實」去「建國中學」。李喬在此打住，留給讀者想像的空間。我要說的是，葉貞子被國民黨的軍人強暴的後遺症正是：無能再「愛」，亦即是，無能再「認同」，而李喬顯然在暗示著，這正是今日台灣「國家認同」錯亂的來源之一。

以女人被逼婚的命運來伴隨台灣的歷史，姚嘉文的長篇小說《黑水溝》也是一例。這是一本以明鄭台灣之命運轉折為主軸的歷史小說，男主角之一的李望山（望唐山？）與女主角之一的許素面雖等於已有婚約，卻由於望山一直猶豫於「唐山」和「台灣」之間而未能立下決心，克服困難去娶深愛著他，但卻被已有妻妾數名的奸官馮巧舍緊迫逼婚的許素面。隨著明鄭台灣的節節敗退，最後在馮巧舍被刺殺的同一晚，許素面卻因母親及馮逼婚甚急而投水自盡。許素面之被逼婚直至香消玉殞，其實從頭到尾伴隨著李望山等人保台的行動，素面之死也就預告了清廷拿下台灣的結果。

特別値得一提的是，日本作家武者小路篤實在一九四〇年中日戰爭如火如荼打得不可開交的時候，出版了命名爲《幸福家庭》的長篇小說。在這篇小說裡，戰爭僅被約略提到一兩次。小說情節係以一位職業原爲「德文老師」的業餘畫家佐田正之助，以及爲他作模特兒的千津因爲要逃避父母及某有錢男人的「逼婚」之間的家庭關係。千津因與正之助的兒子正藏結爲朋友並經常來他家當「模特兒」之故，將佐田家當作避難所。

小說的結局是，千津躲過「逼婚」而如願嫁給正藏。我們注意到，全書不但避開戰爭，且將「德文老師」（當然有遙指「希特勒」並回點日本的軍國主義之喻）的職業棄之不顧而改以「藝術」代之，同時又將千津力抗「逼婚」之過程伴隨全部情節，顯有指控「戰爭」之「暴力」的詮釋空間。

本文以文學裡的「逼婚」爲主軸衍生出來，最終目的是要指出，台灣的處境之所以艱困，除了老共的蠻橫以外，我對台灣內部竟然有馬英九之流的人將「反對併呑、捍衛台灣」之理性活動指爲「對中國的挑釁」，簡直感到髮指。

若然，是否台灣人應該「休『妻』與共」，馬大人才認爲是對的？我們且看荷馬史詩英雄奧迪賽在離家二十年後回到家時，發現多人纏著他的太太潘妮洛普

（Penelope）逼婚，乃力敵數人而一一將之射死的表現，就可知道「馬英九」只能叫「馬英九」，而不能叫「馬英雄」的原因了。多言無益，有詩為證：

併吞台灣沒天理，喜見同胞起身抵；
有人坐慣金交椅，忘了他吃台灣米；
一路走來嬌貴體，始終如意沒人比；
綠頂罩頭還敬禮，休妻與共算老幾！

白內葬

猶太人是一個擁有絕頂睿智的民族，由於命運多舛，他們發展出一種面對各類打擊，仍能自我解嘲、接近黑色幽默的深沉特質。在見到連宋於總統大選兩戰皆敗北瞎鬧逾半年後，當選無效官司敗訴又不服輸的醜陋表現，以及兩蔣分別在逾三十年及二十年前「風光」國葬後，竟又傳出「二次國葬」的可能，我不由想起一則拉比（猶太人的經師，同爲宗教和和精神導師，在族人中享有崇高地位）的故事：

某人家中鬧雞瘟，求教拉比，得了指示後，興高采烈回家。不料，雞隻照死不誤，他又去找拉比尋求對策，獲得指點後，再度信心滿滿回家。哪知道，隔天，雞隻又死了一堆。滿面愁容地，他第三度登門，問拉比尚有良方否。拉比回答說：「有是有，不過，你還有雞隻可死嗎？」

連宋死纏爛打，不惜耗費寶貴的社會成本，準備硬拗下去，「是否還有雞隻可死」，選舉結果自有分曉，暫且不勞吾人費心。然兩蔣合計在台戒嚴三十八年，一身污穢，兩手血腥，斑斑可考，在位期間，九萬個政治犯判刑，其中八千名槍斃，且爲一黨一人之私，以「一天無兩日」硬肩「漢賊不兩立」，遺禍台灣至今，別說早無「雞隻可死」，更別提當年超高規格、舉國皆悼的國葬場面了。

當初人都已升天（？），如今旗還要降半，本人願意在此和國人一同回顧兩蔣第一次國葬的「不可思議」及展望一下第二次國葬的「無法想像」。

首先，莫忘了，台灣不僅有獨裁者的慈湖和大溪（頭寮）「兩陵寢」，還有戒嚴時代無辜死難者的「亂葬崗」——光是台北市六張犁公墓頂的亂葬崗，民國三十八年至四十三年的白色恐怖時期，粗估就有兩百多個遭槍決的異議分子埋屍於此。萬仁導演的電影《超級大國民》即是以此段不堪的台灣歷史爲背景，另，台視曾播映的《台灣百合》也是有所本。對照著兩蔣「陵寢」的森嚴肅殺，亂葬崗的蒼涼荒蕪不正無言地控訴著當年兩蔣帝王般的「國葬」之謬誤！

政治受難者埋身亂葬崗非自伊始，中國清朝蒲松齡所著《聊齋誌異》裡的〈公孫九娘〉就是以清朝順治十八年（西元一六六一）時，生於明末的山東棲霞人于七抗清十五年，最後成千上萬無辜百姓慘遭清兵殺戮（不殺戮，如何「順治」！）並掩埋於亂葬崗之歷史事件爲背景。故事中的「萊陽生」亦有親友數人被殺，於前往亂葬崗祭拜時，卻因緣際會與同鄉而亦葬身其中的倩女「公孫九娘」相戀。人鬼數夕相處後，終須分離，臨別，九娘囑咐萊陽生莫忘了隔日將其骨骸收拾回鄉，葬在其祖墳旁，「使百年得所依棲，死且不朽」。萊陽生雖答應了，傷心之餘，卻忘了問墓地標誌。次日，萊陽生再來亂葬崗，只見「千墳累累，竟迷村路」，怎麼都找不到九娘的墓，只得黯然離開。半年後，萊陽生思念九娘不過，再返「亂墳地」尋九娘，但見「墳兆萬接，迷目榛荒，鬼火狐鳴，駭人心目」，無論如何都是不見九娘倩影。臨走時，九娘雖現身丘墓間，卻遙遙慍目相向，不予接近，顯係怨恨萊陽生當初未能守信次日來收骨返鄉之諾。

若果吾人將亂葬崗之「千墳累累，竟迷村路」解爲無可「標記」，致難尋個體——以九娘爲例——這正應了結構主義所指，「意義之體現有賴周遭因素之襯托」，地標不定，則查無此人，錯過時辰，骨骸未能歸鄉，魂魄蹉跎於虛無飄渺間，則成永無「定位」之局。加害者「尊貴權重極是，揚眉吐氣」於廟堂上，受害者「面目人事全非，隱姓埋名」於亂葬崗，唯「沒有地標，沒有眞相」八字可狀。

「眾鬼千墳累累，渺渺難尋所求」對照著「一朝陵寢巍巍，時時引人觀拜」，回到當下，我們先看幾個用語，就能得知當年兩蔣國葬的荒謬所在。一九七五年四月五日，老蔣辭世，當時官方發布消息引的是以專爲帝王「嗝屁」所用的「崩殂」，之後的「謁陵」，同樣也是專指皇家「祭祖」所用。除了死者遺體在國父紀念館供人瞻仰數日外，行政院且下令，從四月六日起開始爲期一月的「國喪」，全國「停止娛樂、宴會、及各項慶祝集會三十天」，「軍公教人員一律著素色服飾，並配戴二吋半寬黑紗，爲蔣公戴孝」，後因「娛樂行業停業三十天」實在影響民生太鉅，乃改爲到十六日下葬時爲止，但是爲表舉國哀悼，「全國」竟然自十六日起至十八日止禁屠三天！

此外，各公私立機關一概布置禮堂，供民眾前往跪拜。各級學校則是要求學生分批輪流到校內搭建的禮堂敬禮哀悼。等到出殯那天，多數行業，甚至包括醫院都停止營業，沿途數十公里，凡是不合喪悼氣氛的廣告都拆除，交通路口則搭牌樓，外加分派沿路機關行號「擺攤」路祭。這等連古代帝王看了都要自嘆弗如的排場，要不算是「國葬」，那恐怕從此國內外沒有元首敢「崩殂」了。當時年紀尚輕者或因未出生而不克恭逢其盛者，可找出鄭南榕烈士所發行的「自由時代」系列叢書第十三號《失敗的悲劇者蔣介石》一書來翻翻，當知該國葬「噁心」之一二。

若還難想像，可再找出譬如隔年四月四日台北市金華女子國中所「恭印」的《總統　蔣公逝世週年紀念文集》讀讀，裡面計收該校二四四個一年後依舊「痛不欲生」的學生所寫的哀悼文章。由於內容從「風狂雨驟，雷電交加，天地同悲」到「蔣公精神長相左右」實在肉麻到不行，抽幾個標題看看即可——〈謁陵記〉〈總統　蔣公病中隨筆讀後感〉〈從淚的洗禮中站起來〉〈怎樣實踐　蔣公遺訓〉〈哀慕〉〈愁雲慘霧哭英靈〉〈恭讀　院長「守　父靈一月記」有感〉〈盛德永懷〉〈十大建設中的北迴鐵路〉……

人生實難逆料，當時我們都以為一九七五年的四月五日已經是全國最悽慘的日子了，沒想到十二年後，蔣經國也走了，這會兒，國民黨的「中央日報」因為哀痛逾恆到不行，也忘了，論輩份，小蔣不能死得比老蔣還令百姓傷痛的規矩——一九八八年一月十三日，小蔣嚥下最後一口氣，二月，「中央日報」就出了厚厚一冊《歷史巨人的遺愛》，第一篇〈一月十三日　星期三　天氣晴多雲〉，第一句話就是「這是中華民國歷史上最悲痛、最感傷的一天」。咦，「中華民國歷史上最悲痛、最感傷的一天」不是老蔣死的那一天嗎？「總統位子」可傳子，連「最悲痛、最感傷的一天」也可以列在點交清冊上?!老蔣死時，「雷電交加，天地同悲」，那小蔣走時，「天氣晴多雲」，不就該「普天同慶」了?!小蔣走時剛解嚴不久，國內外局勢已不如老蔣當年，儘管如此，出殯陣仗依舊帝王格局，就不一一詳列。從此，「大溪陵寢」加「慈湖陵寢」，被外來政權視為沒有文化的台灣，卻有了兩座帝王「陵寢」。

蔣介石一生殺人無數，像黑幫般地從中國殺到台灣，從革命元勳殺到台灣百姓（見李筱峰《台灣人應該認識的蔣介石》），明著來，暗著殺，未曾間歇。而蔣經國雖然死前數年漸知勢不可違，乃稍有悔悟，然戒嚴當權時代，又關又殺，亦不在少，一個「美麗島事件」，尚且幾將台灣菁英一網打盡，若非海內外人奔走營救，難保不是另一個「二二八」。

總之，當年浩蕩國葬已舉行，兩蔣遺體在台入土是好事，唯今日民智和檔案已開，二二八和白色恐怖的「受害事實」至少已透過「補償」予以確認，說難聽點，多人尚思鞭屍而不可得，恨「得而誅之」之不可行，至若當年在戒嚴時被連逼帶騙披麻帶孝的我們，既悔且怒都來不及，寧有在解嚴後接受為之「舉國」哀悼降半旗之理？於理，難行；於情，於法，又有哪一項說得通？

既入殮，已封棺，再美好，亦莫動，法國作家小仲馬（一八二四——一八九五）的《茶花女》裡一個場景給了我們最清楚的示範：熱愛茶花女的阿芒得知前者的死訊後，親至墓園挖墓開棺，待確認後，準備另埋他處。現場景象如下：

棺蓋才打開來……儘管棺材上撒滿了芳香的花草，一陣臭味仍撲鼻而來……鬆開裹尸布……那模樣看上去眞是嚇人……也教人毛骨悚然。雙眼成了兩個窟窿，嘴唇爛掉了……我（小說之敘述者，非阿芒）唯一能作的就是打開碰巧帶在身邊的一只嗅鹽瓶，拚命地嗅著。

早已隆重國葬過的兩蔣若要移葬入土，雖不開棺，然一旦還要再來一次以降半旗來象徵舉國哀悼的「國葬」，不啻是鼓動人民在心裡將兩蔣開棺，重掀兩蔣戒嚴時代的種種不堪，則吾人不難想像：棺蓋才打開來……

沒有「黑外黨」（黑幫外來政黨），哪有「白內葬」（死於白色恐怖的內亂犯之野葬）？唉，何苦？「國」家出錢讓兩蔣安「葬」，不也是國葬？不也夠了？連宋馬等泛藍至今敢囂張若此，不正是因爲民主化後，兩陵寢照樣文風不動，而亂葬崗卻依舊雜草叢生？多言無益，有詩爲證：

戒嚴時代白內葬，皆因來了黑外黨；

洗腦再兼手腳綁，不明人間有冤枉；
帝王陵寢引人賞，亂葬崗裡知誰躺；
旗若半降民怨長，藍不領情心喊爽！

台灣，眞的悲從「中」來？

厭 戒嚴時代讀書人，歡喜當官，吃香喝辣，風風光光
疼 有良心知識分子，凜然被關，手銬腳鐐，叮叮噹噹
氣 統派親中馬前卒，背棄台灣，逆倫弒母，乒乒乓乓
嫌 土生土長番薯人，不辭辛酸，拍馬逢迎，慌慌張張
願 四大族群化戾氣，禍福共擔，回頭不暗，安安康康

北社成立後，各路統派人馬紛紛先以「台獨」來界定北社及李登輝總統之間的公約數，再循此線將「本土化」、「台灣化」等名稱污名化。接著，果不其然，教唆挑撥如約生效，與北社關係密切、一枝如椽大筆直搗黃龍，屢破統派反台及泛藍軍親中論述、偏又是外省籍的政論家暨當代雜誌總編輯的金恆煒先生，家中先後數次遭到不明人士以蛋洗大門和寄發恐嚇信函等方式騷擾。這些現象令我這個同樣身爲外省籍第二

代的北社成員不由想起五個近來一直困惱著我的問題：

何以戒嚴時代爲虎作倀的特務學生今天不但可以當立委，而且還可以到中國向領導人針對「台獨」交心與獻策，不怕被中國的有識之士唾棄嗎？

何以獨裁年代爲政權化裝的新聞局局長解嚴後仍舊可以厚顏無恥地參選總統，不怕被台灣有良知的人唾棄嗎？

何以台灣淒風慘雨時，那些以高學歷爲獨裁政權幫閒和背書以獲取名利的所謂「知識分子」，在政黨輪替之後，突然想起他們鞭策政府的責任而整天謾罵不停，不怕洩漏「只有中國情，沒有台灣心」的底嗎？

何以那些戒嚴時期配合軍警情特文攻武嚇打擊民主人士的媒體到今天都還有臉「嘴巴愛台灣，胳膊向外彎」，不怕午夜夢醒，良心的苛責嗎？

何以統派及大中國主義者到今天仍舊以「台獨」在扣我們的帽子，眞不怕當年被他們以「台獨」之名關、逼、趕、殺的冤魂九泉之下的詛咒嗎？

思前想後，歸根究柢，我想，會存在這些怪現象都是因爲，國民黨幾十年來在台灣所實施的教育，舉凡有涉意識型態者皆爲「納粹教育」之故。「納粹」也者，國家或民族主義（Nazi，Nationalsozialismus——國家社會主義之簡稱）的德語音譯也。

行納粹主義之實者，不一定自己會承認，但是只要看任何政府以國家民族之名冠冕堂皇地禁止別人「集會結社」，而自己則名正言順地「打家劫舍」，再用黨意的「四書道貫」來壓制民意的「海水倒灌」等行徑，這些和「納粹」的本質就八、九不離十了。

一九八二到一九八七年，我在德國求學期間，實地發現，德國中小學教科書和大學文學系閱讀的文學作品裡，對納粹政權十二年的所作所為有相當篇幅的反省和檢討，只要稍微了解那些以「國家利益」、「民族大義」為藉口迫害、殺害人民的政權和政治人物行徑的人，都會對之有深切的痛惡和批判。戰後德國「基本法」開宗明義所揭櫫的「人權不容踐踏」，可說就是對此慘絕人寰的一段歷史之直接回應。雖然就彼災難之慘痛來看，德國人事過境遷後的反省難逃「遲來的正義」之譏，但是反觀我在台灣所受的教育裡，卻從不曾接觸過任何從「人權」的角度來看台灣歷史的課程和教材。我們被教導擁護中央政府、仇日和恨匪。他們教我們擁護國民黨政府，因為它代表國家。而要我們仇日，不是因為他們殺了「人」，而是一來因為他們殺了「中國人」，二來因為他們統治了台灣。至於恨匪，也不是因為他們推翻了「國民黨政府」，而是因為他們「背叛了國家」。易言之，當時的國民黨一面以「納粹思想」來教／誤導人民，自己則一面霸佔著「國家」和「民族」以合理化他們在台灣從一九四七年的二二八事件，到一九八七年解嚴時的白色恐怖裡所犯的各種罪行，以致出現「日本人和共產黨不准殺害中國人，而國民黨和中國人卻可以迫害台灣人」的荒謬現象。而我，一直到二十八歲出國前仍不知道什麼叫「二二八」，只知道每一張票都投給國民黨，因爲我是「漁民」子弟，也受「愚民」教育，以爲國民黨既是政府就一定是國家，任何人膽敢與國民黨競爭，當然理該千刀萬剮，正是「政黨輪替，國家大忌」。

如今想來，當時所謂的「沒有國，哪有家？」「國」顯然指的就是「國民黨」，「家」指的就是「家天下」了。於是，因爲眞相被掩埋，又缺乏正確的歷史教育，所以國民黨龐大的黨產明明是戒嚴體制下累積的不義之財，不管是靠上下其手、先貪贓再枉法弄來的或是靠裡應外合、先射箭再畫靶搞來的，其領導人都敢臉不紅氣不喘地宣稱：「一切都是合法的。」怪哉，設若如此，納粹政權屠殺六百萬猶太人又何有非法之虞，二二八和白色恐怖的受難者又何須賠償？（而且國民黨政府犯的罪行，居然還用人民的稅金來贖！）林宅祖孫慘案，陳文成博士冤死台大校園等等又何須再查？政治迫害如此，民間事例更是不一而足，靠著黨的庇蔭，公平正義一腳踢，歪哥欺耍一把抓，證據確鑿，有詩爲證：

錢多事少離家近，別人做事我下令；
三家相公我獨聽，誰讓你們較歹命；
出了代誌不要緊，我的後台有夠硬！

正是台灣人民在結束國民黨將近半世紀的一黨統治之後，不管是基於宅心仁厚或是鄉愿已深而未要求讓那頁陰暗、污濁的戒嚴史攤在陽光下檢視，當年的加害者集團今天才會不但不知悔改，甚且還變本加厲搬中國來威脅台灣。今日，當有人以紅墨水潑在李登輝前總統的脖子上，有人拿雞蛋丟在金恆煒的門上，我們能不想起那個國民黨集團以愛國爲名所加諸人民的苦難嗎？我曾經在一個場合戲謔地說過：「台灣在幾近半世紀的獨裁戒嚴時代裡，仍擁有傲人的經濟成長，是靠人民和政府通力合作的結果——國民黨在城裡抓匪諜，老百姓在山裡抓蝴蝶。」因爲政府努力在抓匪諜，所以到處都很安定，像墓仔埔般地安定。今人皆說，戒嚴時代兩大報，其實除了「聯合報」和「中國時報」外，眞正影響人心最大的，另有其報——「知匪不報」，正是：

千山爲何鳥飛絕？政府正在抓匪諜！

萬徑何以人蹤滅？德政要人去感謝！
孤舟躲著蓑笠翁！誰叫他與共匪通？
獨釣只剩寒江雪！事情眞相誰敢寫？

寫及此，我不能不聯想到報載美國新聞界最具影響力的女人、華盛頓郵報公司執行理事會主席葛蘭姆女士，於二〇〇一年與世長辭的一些報導。一九八六年十月七日，蔣經國先生透過當時擔任英文翻譯的總統府第一局副局長馬英九先生告訴這位國際知名的媒體鐵娘子，「台灣即將解除戒嚴。」而之前在美國讀書時仍撰文反對解嚴的馬市長如今在聽聞葛蘭姆女士的死訊時，卻告訴來訪記者，他在聽到那句「台灣即將解除戒嚴」時的感覺是：「當時我覺得好像有一股電流通過我的身邊，我告訴我自己，這一刻終於來到了，我們正在改寫歷史。」好像他一直都在要求解嚴，反對戒嚴，彷彿他曾是戒嚴的受難者，而非戒嚴體制的受惠者。無獨有偶，戒嚴時爲體制撐腰的宋楚瑜先生也針對蔣經國先生和葛蘭姆女士的那段話，說了他的感想：「釋放解除戒嚴、開放黨禁等重大宣示，充分展現經國先生前瞻的政治眼光與奠定台灣民主的魄力，經國先生當時的決定，也爲台灣的民主發展與政黨政治打下穩固根基。」一席話說得令人感動得幾乎要涕泗縱橫，彷彿歹徒眼見逃脫無望而放回人質後，原先接應的從犯興奮莫名地對飽受驚嚇的人質及不幸已遭殺害的死者家屬說：「此舉消弭了社會對立的危機，治安從此可望步上軌道。」

我不是記仇，也不是洩恨，我只是無法想像，在戒嚴時代同樣是洋博士的「知識分子」彭明敏先生和盧修一先生，不是流亡海外就是身繫囹圄，而到今天那些一路走來，始終如意的「讀書人」仍在大言不慚地自拉自唱，還三不五時配合中國用「台獨」來倒打我們一耙。想來，經國先生應該告誡過A錢先生，要「守」才能「發」，結果呢？「守」了，但卻是「上下其手」，發了沒有呢？發了，但卻是「東窗事發」，果眞是上帝拍戲——老天有演（眼）！馬市長很努力地在作他的市長，宋主席很努力地在作他的主席，我們有目共睹，但是歷史的是非如此混淆，如何能期待當下政治的清明？有沒有誰能清楚地告訴我們，誰對了？誰錯了？在我們繼續被污衊、被丟雞蛋、被罵背祖忘宗之前？

在南社、中社成立約莫一年後，北社也成立了，在台灣文化協會成立八十年後的時刻。參與的有男有女，有老有少，有本省籍、有外省籍，詩人、醫生、老師、律師、小商人等等，「台灣意識」爲我們牽線，「在地觀點」爲我們攜手。而假如認同生我育我的台灣，死心塌地誓將在此落地生根的人在今天這個已是「人權無國界」的年代裡，仍要被戴上半世紀以來中國國民黨及其黨羽以羞辱、謾罵、關牢、槍斃等方式對待有良知的人士之「台獨」大帽子，那何妨讓我們平心靜氣地來檢討歷史，這麼多年來，是誰在假「消滅台獨」之名，行「剷除異己」之實？是誰在假「國家民族」之名，行「專制獨裁」之實？是誰曾假「國事如麻」之名，行「殺人如麻」之實？是誰在假「族群融合」之名，行迫害「台灣意識」之實？觀諸此，「台獨」眞眞害人不淺，蓋「台獨」者，統治「台」灣的「獨」裁者也。他們不是改寫了歷史，是竄改了歷史。

當土生土長的「山東人」（阿里山以東）和「河南人」（淡水河以南）的新一代出生以後，台灣的國家認同問題不應再由大中國想法的人來主導了，總結幾十年來的歷程，多言無益，有詩爲證：

曾經ＫＭＴ❶，以爲沒藥醫；
裡外被人欺，妻離子散分東西，望穿秋水，眼淚不敢隨便滴。

今爲CMT❷，滿臉笑咪咪；
上下新時機，篳路藍縷揮汗劈，你扶我持，但看誰敢來相逼？
從此BOT❸，爲伊打地基；
老少手相攜，粉刷裝潢再油漆，重整家園，世世代代相偎依。

註：
❶：KMT＝Kill More Taiwanese，此爲外人於二二八後對國民黨之謔稱。
❷：CMT＝Call Me Taiwanese，此爲解嚴後，越來越多過去不敢或不願自稱「台灣人」的人在國外紛紛驕傲地重新貼上的標籤。
❸：BOT＝Because Of Taiwan，意即「爲了台灣」。

輯三

堅持鏗鏘

冬夜讀〈冬夜〉

元旦前後，氣溫陡降，氣象預報說部分山區將有霜降、甚至下雪，北部淡水地區最低則可降至三、四度，正應了「歲暮冬寒，夜涼如水」這句話。而就在全國歡度跨年的晚上，我想起了，呂赫若和白先勇的同名短篇小說〈冬夜〉。

呂赫若（本名「呂石堆」）的〈冬夜〉刊於一九四七年二月五日的《台灣文化》，就在二二八事件前夕。白先勇的〈冬夜〉登在《現代文學》裡的那一年則是一九七〇年，就在蔣介石的代表被逐出聯合國的前一年。呂、白兩位，一個番薯，一個芋仔，今晚，我一個芋仔番薯在冬夜讀〈冬夜〉，別有一番滋味。

先看白先勇的〈冬夜〉好了。男主角余嶔磊是台大外文系的教授，就在小說中的那個「冬夜」裡，站在巷口等著當年和他參加五四運動的北大同學，如今已是美國某大學「國際歷史權威」而剛剛應邀來台灣演講的吳柱國教授。余嶔磊一身寒酸，一屋破落，撐的傘破了個洞，一隻腳還有點瘸——這點跟他住的宿舍十分搭襯：「余教授棲住的這棟房子，跟巷中其他那些大學宿舍一樣，都是日據時代留下來的舊屋。年久失修，房檐門窗早已殘破不堪，客廳的地板，仍舊鋪著榻榻米，積年的潮濕，席墊上一徑散著一股腐草的黴味。客廳裡的家具很簡陋：一張書桌、一張茶几、一對襤褸的沙發，破得肚子統統暴出了棉絮來。」相對於余嶔磊，「穿著一件黑呢大衣，戴著一副銀絲邊的眼鏡，一頭頭髮發白得雪亮，手上持著煙斗」的旅美教授吳柱國，則是眾人爭相欽羨和邀訪的對象，回到台灣，所到之處，無不風光。

不料，聊起近況後，吳柱國說起他在美國不曾對人說出的心裡話：這些年來，他只敢開「唐史」以宣大漢聲威，不敢談「民國史」，以免面對美國漢學系學生擁護毛澤東主席、支持文化大革命的聲浪。換句話說，一個出身北大、參加過五四的「中國」教授，儘管在美任教幾十年，儘管著作好幾本，卻都只能望古而不敢觀今。心虛之至，誠如他自己對余嶔磊所說：「我寫了幾本書，《唐代宰相的職權》、《唐末藩鎮制度》，我還寫過一本小冊子叫《唐明皇的梨園子弟》，一共幾十萬字——都是空話啊。」這當然是因爲大陸易幟、政權換人後，這些出身中國而飄蕩美國的知識分子的悲哀：他們講中國史，卻不能代表中國。難怪白先勇爲其取名爲「吳柱國」——正是暗喻「無祖國」也。

吳柱國臨走前說，妻子已去世，又無子女，再一年他退休後，想回國定居，余嶔磊卻請他返美後幫忙找看有無赴美教「中文」的機會，因爲他大兒子當年赴美讀書時，他向人家借的錢仍未還清，而二兒子目前又在申請美國大學了。吳柱國上了計程車走了後，余嶔磊進屋裡，抓著一本書，「翻了兩頁，眼睛便合上了，頭垂下去，開始一點一點的，打起盹來，朦朧中，他聽到隔壁隱約傳來一陣陣洗牌的聲音及女人的笑語（他太太是其中之一）。」文末，小說是這麼結束的：「台北的冬夜愈來愈深了，窗外的冷雨，卻仍舊綿綿不絕地下著。」此情此景，將之視爲「蔣介石的中華民國」之描述亦無不可，尤其是一年後的一九七一年。

須得一提的是，這篇小說裡，余嶔磊和吳柱國，一個想休假去美國賺錢，一個退休後要回台灣，而與他倆另一位當年一起參加「五四運動」、後並同樣在台大外文系教書的北大同學，卻在多次申請不到赴美獎學金的遺憾下病逝。而白先勇爲這位教授取的名字叫「賈宜生」，當然就有整體爲他們那一代被歷史所戲弄的知識分子之命運定調的意味了：不管你怎麼過，在哪裡過，「賈宜生」不就都是「假一生」?!這些人去美國，變不成美國人，可又當不了中國人，成了台北人，卻又當不成台灣人。在一九七一年前夕有此一文，今天看來，白先勇的〈冬夜〉果然淒涼。

「無祖國」也可能是「無主國」。我們再往前推三十年，回到呂赫若的〈冬夜〉吧。呂之〈冬夜〉的主角叫彩鳳，結過兩次婚，一生貫穿日據和國民黨兩個時代。彩鳳的第一個台灣先生林木火在婚後半年不到就被日本人調去南洋，生死未卜。由於翁姑就此拒收媳婦，彩鳳回到娘家，在「肉類小販統制組合」當店員。終戰後，根據同去南洋的鄉人所說，林火木應是戰死在菲律賓。不久，「在光復的歡天喜地之中，一切物價破天荒地飛漲起來了」，彩鳳也因而失業，父親生意亦失敗，母親則開始賭博。為了生計，彩鳳由主婦變酒女。就在酒館裡，彩鳳認識了中國來的第二任丈夫郭欽明。這郭欽明是個「××公司的大財子，浙江人，年紀差不多二十六、七歲。他來館的時候（不知呂赫若可有「他來管的時候」之暗喻），都穿著一套很漂亮的西裝，帶著一個笑臉，很愛嬌地講著一口似乎來台以後才學習的本地話。」有一晚，彩鳳下班後，在回家的路上被郭欽明半哄半騙地強拉進車裡，說是要送她回家。被抓住膀子的彩鳳只得順從，結果車子卻開到郭的住處。下了車就往馬路衝的彩鳳立刻就被比她強有力的郭給拉了進屋。

不顧彩鳳的哀求，郭欽明軟硬兼施，最後甚至掏出一把手槍說：「假使你不肯接受我的愛，那麼，我們現在在這裡一起打死好不好。」明的是「再不從，就同歸於盡」，暗裡卻是「敬酒不吃吃罰酒！」的最後通牒。這招果然見效，細節不表。一個月後，郭欽明以三萬元爲聘金娶了彩鳳。

郭欽明在得知彩鳳的過去後，以帶著憐憫的眼神對她說：「你這麼可憐！你的丈夫是被日本帝國主義殺死的，而你也是受過了日本帝國主義的摧殘。可是你放心，我並不是日本帝國主義，不會害你，相反地我更加愛著你，要救了被日本帝國主義殘摧的人，這是我的任務。」郭欽明答應要給彩鳳過去所不曾得到的——果然，半年後，彩鳳發現她得了梅毒。

郭欽明趁此誣賴彩鳳一定是背著她在秘密賣淫，藉此要回三萬元聘金，並甩了彩鳳。病癒後，日據時代在「肉類小販統制組合」當店員的彩鳳如今別無他法，就眞的走上「出賣靈肉」的路，一個又一個男人，她再也不在乎了。

當初郭欽明的一把槍把彩鳳逼上不歸路，小說依舊是以槍聲作結束：「拿槍的警察人員」來抓彩鳳的恩客——一個從南洋戰場劫後餘生回到家鄉，綽號叫「狗春」，身上亦隨時帶著手槍的台灣人——彩鳳見狗春奪門而出，怕自己被抓，不聽旁人勸阻，就拚了命地往外跑。最後一段是這麼寫的：「她一直朝著黑暗的夜路走，倒了又起來，起來又倒下。不久槍聲稀少了。迎面吹來的冬夜的冷氣刺進她的骨裡，但她不覺得。」而小說一開始，冬夜是冬夜，卻還是有光亮的：「淡水河邊的路燈，在這冷落的冬夜裡，似乎更加明亮。」末了，卻如此黑暗，淒涼。

不消我多費心思，早有多人將呂赫若這篇〈冬夜〉裡的彩鳳之悲慘女性命運正確地解讀為「台灣的命運」。「郭欽明」，依我的讀法，就是台語的「假清明」而「眞骯髒」也，指的當然是給台灣彩鳳「送了個梅毒大禮」的中國郭欽明。有教養的民族，「禮節」，果然重要。

然，讓我們轉個彎，「李傑」若不重要，泛藍會逼他下台嗎？前國防部部長李傑的重要在哪裡？在「一個應屬泛藍的外省將領竟然願與台灣廝／死守在一起，還請那些不認同台灣的人要去美國的去美國！」冬夜，來看李傑前部長面對媒體關注辭職話題時曾說過的話：「軍購案未過怎麼辦？那就跟大家一樣在台灣死守，我們會打到最後一兵一卒，你們那些不願意的、有辦法的，可以到美國去的就走啊。」他們或許懂「禮節」，但是能「理解」「李傑」嗎？

三十年過了，一甲子過了，難道台灣人還只能在「無祖國」和「假一生」間作選擇？那我們不都成了「余崁磊」——「我眞累」？冬夜讀〈冬夜〉，多言無益，有詩為證：

一生都在被人追，彩鳳插翅也難飛；
宿命輪迴肩上背，順服體貼羊咩咩；
糞土硬是壓石推，莫非永遠該吃虧；
無主無國茫茫黑，冬夜寒雨冷風吹。

好台

前些日子和幾位年輕朋友討論到「歧視」的概念及內涵時，我向他們確認，當下年輕人三不五時掛在嘴上、一說出來就帶有輕蔑口氣的「好台」是什麼意思？

他們中有一人說，就是「很土、沒品味、俗不可耐」的意思，其他人聽了都表示同意。我接著要他舉例，他想了想就說，譬如「陳雷或檳榔西施」。我再問，那「好台」的「台」指的是什麼？他先是楞了一下，轉頭望著其他人，似乎有點不太自在的樣子，我見狀就幫他回答了：不必猶豫，不必客氣，毫無疑問，就是「台灣人」的「台」嘛！大夥聽我這麼一說，都如釋重負地表示「沒錯」。

在進一步深入探詢之前，我就先問他們聽過「台客」或「土台客」的說法沒有？結果是，在場二、三十個人只有兩、三位聽過。我就解釋給他們聽：「台客」或「土台客」這兩個概念是一九四九年後，在台灣出生的外省第二代彼此之間用來稱呼那些在他們心目中滿口台灣國語或穿著很土的台灣人所用的詞語。

我繼續說，在當時，「台灣人」的內涵與今天相當不同。猶可議者，由於當時政治環境所致，儘管在台灣住了早已超過五、六代，「客家人」與美麗島上最資深的主人——「山胞」，都既非「本省人」亦非「外省人」，某種程度來說，眞的可以說是「裡外不是人」。至於我們今天所熟悉的「四大族群」這個概念乃源於解嚴並民主化後，台灣不再被侷限於「本省」而已，是「我國」的事實，因爲，之前在「中國」的概念下，只有漢滿蒙回藏的「五族共和」，哪可能有福佬、客家、原住民、新住民（外省人）「四大族群」的空間。

從空洞縹緲的虛擬「中國五族共和」到名實相符的在地「台灣四大族群」，這是地方級的邊陲意識蛻變爲中央級的國家意識之明證，也是「地理所及乃認同所及」的正常化之結果，同時更是「神州大陸是鄉愁」轉爲「鴨霸中國是外患」之主因。這些當然是因爲台灣在解嚴後漸漸脫離「國際封鎖」及「心靈封鎖」之故。

出國觀光、做生意或深造的人民日漸增加，終於有機會從外面看「台灣」時，那種「我們來自台灣，我是台灣人，不是中國人」的自然歸屬感才有可能突破將近半世紀的禁錮。而基本上，大家也同意在二十一世紀的今天，「台灣人」已是「四大族群」的總集合。那，就不能怪我會感到非常詫異，三十年後的今天，「好台」這個說法再度登場。

眼前的這群年輕人大概看我貌似傷感，趕忙安慰我說，其實他們沒想那麼多，反正「好台」只是用來泛稱所有符合「土又俗」的人或品味而已。我就問，既然如此單純，何以不用「好客」、「好外」或甚至「好原」？又，既然「台」涵括四大族群，已是共識，那，用「好台」這個概念的人不是就沒有區隔性而罵到自己了嗎？顯然，使用「好台」來表示「不屑」及「輕蔑」的人在潛意識裡是自外於「台灣人」的。這種人是外省族群？是客家朋友？還是福佬人自己？總不會是自身向來既處弱勢，又被歧視的原住民朋友吧！

總之，我不由想起了早在三十五、六年前，常聽到、看到明明是「台灣人」卻跟著外省朋友東一句「台客」、西一句「台客」的情況。當時我雖然也以外省人自居，但一聽到有人在以不屑的口氣罵說「台客」時，我心裡總由於想到「我媽媽不就是他們口中的『台客』嗎？」而渾身不自在起來。幾次，我深切感受到心裡意欲提出抗議或質疑的衝動，終究由於沒有足夠的勇氣和認知而作罷。而今，三十多年後的今天，難道，「台客」悄悄又起？看著眼前年輕朋友清純的臉龐，我知道，他們無法了解我的疑慮。

那天散了之後，至今我久久無法擺脫心裡的惆悵。回想起來，在二二八大屠殺之後，中國國民黨依舊能夠以台制台，除了滴水不漏的愚民教育之外，除了軍警情特媒黨校的高壓手段之外，成功地藉由全面性摧毀、扭曲「閩、客、原」各族群（作為非漢民族的原住民當然是受到雙重的壓抑）的文化信心以隔絕土地認同的可能，才是讓驚魂未定的受害者終而轉為認同加害者的統治者身分之主要原因——文化較高者宰制文化較低者，不是一向被漢民族視為「天經地義」的嗎？至於何為「高級中原文化」，何為「次等台灣文化」，在當時外來政權的眼中，受過五十年「倭奴」統治的台灣人哪來智慧來置喙？

西哲曾謂，奴隸眼見有權力的主子可以隨興之所至地毆打奴隸，遂誤以為，身為奴隸的人若也體罰自己，即可產生「吾亦為主人」的錯覺。這種一邊自賞耳光，一邊快感呻吟著「我打，故我在」的自虐行為，仔細想來，半個世紀以來，不正一直都在台灣被複製著？即便在解嚴後十五、六年的今天？

想想，泛藍集團裡的林益世、廖風德、李全教等等這些外來政權心中的「台客」，如此緊密地站在外來政權的那邊辱罵「台灣意識」、「台獨」，捍衛「中華民國」、捍衛中國國民黨，甚至隔海呼應中國打壓台灣，反倒不勞泛藍陣營裡的「純種中國人」宋楚瑜、連戰、李慶華、李慶安、周錫瑋、馮滬祥、秦慧珠等「主子」出面，不夠時，還有陳文茜、朱高正、李勝峰或者許信良等「高級台客」來「湊腳手」。這等怪異現象，除了政權之爭外，難道不是「台客」藉由靠攏「主子」並唾棄「台客」以撇清自己身屬「台客」的焦慮之結果嗎？

一九六〇年代，美國的民權運動最後會引出黑人認知到「黑就是美」的眞諦，正是因爲他們覺悟到，曾爲白人奴隸數百年的黑人，已將白人主人充滿歧視黑人的標準內化爲黑人自己的思維、美學及道德準則乃一大謬誤。但是，看看今天的台灣，依舊有那麼多人無論在經濟、文化，都將「中國」內化爲「主人」(＝中主)，而正因爲依舊有眾多「台客」在陪襯「中主」，膽敢自稱「無愧」的郝柏村大將軍才會說出那句「民主擋不住飛彈」，實則，與其說是對台灣的民主沒信心，不如說是吃定了奴隸的主子心態在作祟。

文化先行，強權後至，中國增至一三二八顆飛彈對台灣泛藍裡的中國主子來說不是威脅，其來有自。因爲對他們來說，台灣從來就是兩個「主人」在爭奪的「奴隸」，而既然海峽這邊的中國主人已經快壓不住台灣這個奴隸了，那麼，海峽那一邊已經壓住大陸那個奴隸的中國主人順便助其一臂之力，日後，奴隸共享，有何不可？

還有一陣子，許純美的新聞正炒到高潮，眾多綜藝節目乃至新聞台紛紛找她擔綱。人群裡，我耳邊又多次聽到令我渾身不自在的「好台」兩字。我不禁懷疑起，充斥著「中主」思維的傳播媒體正在斥資提供「台客」讓觀眾消費。顯然，許純美會受到他們如此青睞，是因爲解嚴後台灣意識抬頭多年之後，第一次有這樣的人物如此淋漓盡致地呼應「台灣中國人」被壓抑在心中對「台客」的懷念——那曾對照出「中主」之高貴的「台客」。不須遮掩、不必忐忑不安，感謝許純美，他們得以名正言順地重溫舊夢。

思及此，我益加肯定「二二八手護台灣」、「三二〇公投反中國飛彈」及選舉台灣總統的必要性及重要性了，多言無益，有詩爲證：

台客翻身變好台，只因思維仍外來；
榮華已被民主埋，中主耿耿難忘懷；
入灶硬是要橫柴，吾人不再乖小孩；
牽手共護我寶島，豈可高掛免戰牌！

教育不是百年大「忌」！——海洋聯想

我和「四海幫」有極深厚的淵源，至少就我的成長環境及家族背景來看，這麼說，並不為過——我父親來自中國的廣東汕頭，靠「海」；我在基隆出生長大，靠「海」；我外祖父母長於澎湖七美，環「海」；我母親生於高雄旗津，環「海」。許是緣於此故，我在二〇〇〇年總統大選前為台灣願景所寫的那首四句聯「先民過海來渡台，期望有將來。多少苦難多少險，過往把它埋。落地生根手牽手，都是好人才。陽光燦爛開懷笑，歡喜看未來」裡，開頭第一句的名詞裡就有個「海」字，動詞則有個「渡」字。蓋作為一個童年時光大半是在海邊度過的漁民子弟來說，從小，「大海」就對我散發著一股「既令人著迷，又教人恐懼」的魅力。

我七、八歲的時候，就開始偷偷地跟著街上的大孩子們去當時仍是天然礁石密布的八斗子海邊玩水，而所謂「大孩子」也不過就是十一、二歲到十五歲的中小學生。當然，每次都是趁著我母親午睡時溜去的。即使每次帶著曬到紅通通的臉回來後，都被痛罵，甚至責打，都無損我著迷於「下海玩水」的那股勁兒，是以，說我小學時就念「海 school」也沒錯。

嫁給打漁郎，卻又怕小孩去海邊，我母親的憂慮自有她的道理。那些年下來，我在八斗子海邊眾多的不知名玩伴裡，有幾個就是淹死在海裡的。事實上，我第一次跟著大哥哥們去海邊玩時，就由於過度興奮到忘了「不能坐上救生圈」的警告而翻了下來。要不是我運氣好，在慌亂中伸手抓到了救生圈，恐怕就滅頂了。但我只有嗆到，並沒有嚇到。等我摸索著學會游泳和潛水後，在水面優「游」自在的快感，以及在水下四周深邃的海水予人莫名恐懼的刺激，都一再地引我回到海邊。多年後，早已過了青少年的懵懂時期，我才能深切回味到，那種在海裡不受「地心引力」拘束的解放感覺，以及帶著驚恐期待著「有什麼事要發生」的神經緊繃狀態，正是對日後現實世界裡「海海人生」之壓抑及單調的預警！

告別童年後，沒有些微掙扎，我那珍貴的海之生命迅即被框住了。在純然的陸地生活裡，雖不至於「隨波逐流」，卻也不能說是「優游自在」。我很快地跟著人家進入狀況——國中之前的最後一次初中聯考、高中聯考、大學聯考、考研究所、服兵役、留學、歸國、成家立業、結婚生子。我繼續在陸地上浮游、擺盪著，漸漸意識到，童年時代的海水經驗是一種試嚐「禁忌」的美食經驗，一種在尙未理解及接受生命的試煉之前，就讓我初嚐「死亡」的模擬考。我開始敏感地看待「觸礁」、「擱淺」、「暗潮洶湧」、「回頭是岸」、「腳踏兩條船」、「船到橋頭自然直」、「同舟共濟」、「冰山一角」、「見風轉舵」、「一帆風順」，甚至「侯門深似海」等字眼。

然而，在這同時，我也開始深刻地體認到，我從六歲到二十五歲，在台灣這個海洋國家所受的整整將近二十年的學校教育，正是一個徹底「去海洋化」的過程：冒險犯禁、自主尋夢、漂浮擺盪、捉摸不定、自得其樂等可能性全都在「腳踏實地」的一統教育下，化爲烏有。黨國不分的執政者「反攻大陸」一事無成，但是在我們身上卻是滴水不漏地做到了「大陸反攻」——我們血液裡鹹鹹的海洋因子由於被灌進過多陸上的淡水而變得索然無味，我們肉體上精瘦的四肢因長期拘束而致被抽樑換柱到浮腫無力。一言以蔽之，在黨國不分的教育體制裡，「聽話」同時是教育的目標和手段，「順從代表安全」，「跟好就不會脫隊」。總之，我們被「綿密的訓話」洗腦到變成「馴化的綿羊」了，卻還不自知。可是，看，丹麥童話作家安徒生筆下的「美人魚」爲了到陸地上來加入「人類」，就得付出「有口只能噤聲不能言」和「一隻尾鰭叉成雙腿反而不良於行」的代價，最後還是得不到她的所愛。這不是違反自然的「去海洋化」

的最佳警惕嗎？

一個被「去海洋化」的台灣，還是台灣嗎？「海洋民族」被來自「大陸」的政權「愚民教育」半世紀之後，我們發現，如今台灣人只殘留著「拖人下水」的惡習，卻既無「泳」往直前的堅毅，也缺乏與人「同舟共濟」的意識了。我們固然免除了在海裡「淹死」的風險，但是卻都面臨在陸上被「悶死」的厄運。讓我們看看英國作家笛福的名著《魯賓遜漂流記》的開頭，作者是如何引介主角魯賓遜入場的：「我從小只是喜歡胡思亂想，一心想出洋遠遊。」然而魯賓遜的父親卻要求他去學「法律」。一邊是死板板，但可保證晉身「中產階級」，甚至貴為人臣的法律人，一邊是浪跡天涯海角，一出海就有可能逕作波臣的行船人，前者在陸上足可主宰他人的命運，後者在海上卻被命運所主宰。結果呢？魯賓遜選擇了後者！

十八世紀舊大陸的歐洲如此，再看十九世紀新大陸的美國，亦有梅爾維爾（Herman Melville，一八一九—一八九一）的小說《白鯨記》。主角以實瑪利為何去當海員呢？因為「每當我發覺自己會在棺材店前不自覺地停下步來，而且一碰到出喪行列就尾隨著他們走去的時候；尤其是當我的憂鬱症大佔優勢，以至於需要一種有力的道德律來規範我，免得我故意闖到街上，把人們的帽子一頂一頂地撞掉的那個時候——那麼，我便認為我非趕快到海上去不可了。這就是我的手槍和子彈的代用品。」然後從以實瑪利的口中，讀者逐行逐頁地參與了亞哈船長追捕大白鯨莫鼻．迪克的悲劇過程。魯賓遜和以實瑪利兩個水手和亞哈船長都棄「安逸」的陸地生活而寧選海上的「冒險生涯」，最後，不管生死，他們的選擇都是一種「逆向操作」的搏鬥，而非「順勢而為」的依附，這點給了我們「唯有不服命運，才不會為命運所俘」的啓示。

然而，西方人不怕海洋嗎？剛好相反，法國歷史學者德律茅（Jean Delumeau，一九二三—）在他的《西方的恐懼》這本書上冊第一章第一節談的第一個恐懼就是「海洋」，說明從古希臘羅馬開始，海洋就是西方人危險和禁忌的代名詞。人類對海洋的恐懼在《新約聖經》〈啓示錄〉第二十一章第一節就已呈現出來：「我又看見一個新天新地。因為先前的天地已經過去了。海也不再有了。」這一句話充分指出了，海洋對人類來說是第一號的危險來源，而諾亞方舟出現的前提就是四十晝夜的下雨，江河湖海一起暴漲，大水淹沒平原、丘陵、山嶺、人群、莊稼及牛羊，總之，對生活在陸地上的人類的最大處罰就是讓他生活在他的最怕：淹在水裡。羅馬人就說：「讚美海洋，但是別離開岸邊。」而《唐吉訶德》裡的桑丘（Sancho Pansa）也說過這麼一句話：「假如你想學禱告的話，出個海就行了。」循著這個想法，水手、船員就是終日與死神爲伍了。十五世紀末，一四九七年率領四條船繞道非洲好望角前往印度的葡萄牙航海家達伽馬，出發前也說了以下這段話：「如今我們一切準備妥當就要遠航。這也意味著，迎向死亡，迎向那個不時在每個水手眼前浮現的死神。」這些都是一種「明知山有虎，偏向虎山行」的海洋版說法。我們可以這麼說，在歐美歷史、文化及教育裡，「挑戰禁忌」絕對屬其重要特質。

而反觀台灣的教育裡，至少在最近一世紀以來的外來政權統治下，要說是「教育本身就是百年大『忌』」，可也毫不爲過。這種不敢、拒絕任何改變、全國「向後看」的結果，非但造成有人回頭再搬「國父和兩蔣」來逼「國親合併」，以恢復當年靠著「軍警情特媒體教育加司法」所建構的「大宅門」之妄想，甚而根本性地扼殺了海洋民族開創未來，展望願景的特質。看看老的如許歷農、郝柏村、王作榮，中的如馬英九，少的如所謂的國民黨內五、六、七年級生的「五六七大聯盟」，全是要走「回頭路」，既不悲劇，也不喜劇，盡是「平劇」——平淡乏味到令人厭煩的鬧劇！

與其回頭看兩蔣，那還不如回頭再看文學吧。其實，既提了十九世紀的梅爾維爾的巨無霸白鯨，就不能不提二十世紀海明威的《老人與海》裡的那隻超大金槍魚。

除了《舊約聖經》〈約拿書〉裡那隻吞下先知約拿三晝夜後，再將之活生生地吐出來的大魚外，就屬這兩條大魚是世界文學裡最有名的魚了。中國漢語文獻裡，雖在《莊子》、《爾雅》、《古今注》和《廣異記》等書裡都有「吞舟大魚」之說，惜均未成文學氣候，這點或也證明了，徒有「海洋」和「文學」並不能保證能醞釀出「海洋文學」的氣息，關鍵乃在民族個性也。反倒是海洋國家的台灣，已有海洋文學作家如漢民族的廖鴻基和蘭嶼達悟族的夏本·奇伯愛雅、夏曼·藍波安等作家嶄露頭角。不過，若單就「魚」作爲文學作品的主要角色之一來看，我認爲，台灣文學裡要找出一隻魚來和梅爾維爾的大白鯨及海明威的金槍魚相提並論，那就非鍾鐵民的短篇小說〈河鯉〉裡的那隻「河鯉」莫屬了。

〈河鯉〉一文刊於一九七七年十月的《台灣文藝》，寫的是一個酷愛釣魚的陳姓高中老師與一個「父親是鄉公所課長」、但是厭倦「讀書、背書只爲了考大學」而決定「休學，願意從頭做起，學當工人」的學生于春程之間的互動關係。釣魚高手陳老師喜歡釣「河鯉」而對「池鯉」沒啥興趣，因爲「池子裡的魚早已經失去野性，比較起來是那麼軟弱，連肉都顯糜碎，上鉤後幾乎不必費什麼精神就可以撈起來。」至於河鯉呢？陳老師說：「河鯉生活在湍急的溪流之中，筋骨是如此強健，牠掙扎時力量猛烈得驚人……那眞有如一場生死搏鬥。」特別鍾愛于春程的陳老師釣了一隻河鯉後，將之放進浴缸裡。結果，生命力強悍的河鯉蹦出浴缸後，癱在地板上奄奄一息時，被從學校回來的陳老師及時救起，又被放回浴缸裡。鍾鐵民十分巧妙地將個性成熟，頗有獨立思考能力，卻被侷限在「讀死書，考大學，別的都別想」的「學校醬缸」裡的于春程，暗喻成一隻陷在「住家浴缸」裡的「河鯉」。最後，「河鯉」被「救」回「浴缸」，而于春程也──鍾鐵民的用語是以「餌」──被「騙」回學校。有意思的是，于春程的「于」和「魚」同音，而「于春程」則隱有「愚蠢城」之反諷的可能性。在那個仍是戒嚴肅殺的年代裡，悟知到自身存在之獨立意涵而企圖衝破天羅地網的一隻「河鯉」，終究難逃「醬缸」的命運，眞眞應了「教育是百年大『忌』」的話呢！

鍾鐵民的〈河鯉〉之文學價值絕對不輸梅爾維爾的《白鯨記》和海明威的《老人與海》，套句黑格爾的話，正是驗證了戒嚴時代「凡存在必『河鯉』」的眞理。放眼台灣當下，池鯉、池鯉一缸子，展望台灣未來，不禁要問：河鯉、河鯉，今安在？多言無益，有詩爲證：

曾經滄海難爲水，經了風霜始知美；
溫室花朵固不萎，左看右看都氣餒；
不提當年打共匪，且看如今甜蜜嘴；
與其求人腿夾尾，不如求仁永無悔！

蔗農、磅秤與賴和——二林事件的文學反思

一九二五年十月發生的二林蔗農事件，除了促使賴和寫下〈覺悟下的犧牲〉這首詩以外，約莫六年後他在「台灣新民報」（一九三二年一月一日、九日）所發表的短篇小說〈豐作〉，依舊環繞在日據時代的代表統治階級的會社壓榨和剝削台灣蔗農的主題上。文中同爲蔗農的添福因憶及二林事件之恐怖，既不敢參與蔗農們與會社的談判，在明知被會社的人明搶暗奪之後，除了自怨自艾外，依舊噤若寒蟬。就添福此一反應來看，二林蔗農事件頗有日據時代的二二八事件的味道。

事實上，賴和在二林事件後不到三個月（一九二六年十二月四日完稿）就在「台灣民報」（一九二六年二月四日、二十一日）發表了控訴警察警欺壓賣菜小販，終至官逼民反，殺警後自盡的短篇小說〈一桿「秤仔」〉。値得一提的是，這兩篇小說都借用了原本應代表「公平正義」的磅秤和秤仔來控訴「不公不義」。須知，古今中外天平秤作爲公平的象徵，本身就具有極爲弔詭的意涵。蓋於西方，正義女神一手提秤，

一手握劍，正是隱有「唯有權統治者始有權執行正義也」。而於中國，《史記》〈秦始皇本紀〉裡記載著，公元前二二一年，秦始皇統一天下後，下詔書，「一法度衡石丈尺，車同軌，書同文字。」依此看，統一度量衡與其他制度同為王者統治之象徵，乃可想像之事，無怪乎漢字「權」的本義就是「秤錘」或「砝碼」也。

〈一桿「秤仔」〉裡的巡警，因為樸實菜販秦得參不知巴結，而隨意認定其秤仔被動了手腳有偷斤減兩之嫌，不但打斷秦向鄰人借來的新秤仔，還要他進衙門罰錢或關三天，這豈不是《周禮》〈地官〉裡的「凡市入，則胥執鞭度守門」的壓榨統治的現代版？原本功能應是：地方的官吏巡肆時，若見「銀錢糾紛或因度量不準而產生爭吵，則執鞭懲戒，有爭長短者，就執度以校正」，原本為大家而設，應有公信的度量衡器，反而容易成為其擁有者欺騙或壓榨的工具。難怪古之愼子要疾呼：「有權衡者不可欺以輕重，有尺寸者不可欺以長短……權衡所以立公正也，書契所以立公信也，度量所以立公審也……凡立公所以棄私也。」循循善誘如此，原因無他，蓋一旦權力在握，縱然先前信誓旦旦，亦難免心猿意馬起來，當然，凡涉「欺騙」，秤本身是無辜的，因為它不知道，它在作什麼。所以諸葛亮雖說了「吾心如秤，不能為人作輕重」，關鍵卻是全在執秤者（或製秤者）身上：執秤者可以左右之也。遠的不說，現在客家話仍有「秤卡賴」（秤物時，實際的量比秤出的量少。秤桿低下，以少報多），及「秤卡起」（秤物時在量上讓多些，秤桿翹起，以多報少），而英文「to hold the scales even」就是公平裁判的意思。而「to tip the scale」就有偏袒、左右的意思了。此所以姚崇的《執秤誡》雖引執秤持平爲君子及聖人之喻：「秤者衡衡天下之平也君子執之以平其心夫衡在天以齊七政在人以均萬物稱物平施爲政以公毫釐不差輕重必得是執衡持平之義也。聖人爲衡四方……」，但此喻卻名爲「執秤誡」，顯然能做到的人還是要少於做不到的。蓋一旦能執秤，則猶如執牛耳，爲保持權力焉有不盡全力？公義象徵一轉而爲壓榨工具何其易也，郭沫若引〈夏書〉中的一段話「關石和鈞，王府則有」說道：「石、鈞都是度量衡，也是榨取人民血汗的工具，奴隸主貴族只要把他們進行剝削的工具控制住，被奴役的部落和奴隸同平民就會繳納更多的穀物，夏朝的府藏就能經常充實起來」，有其理也。

〈一桿「秤仔」〉裡，警察氣狠狠地離開以後，秦仍失神地站在原地，一會兒，一個年紀較大的人就對著秦說：「該死的東西，到市上來，只這規紀亦就不懂？要作什麼生意？」結果，警察果然「守信」，隔了一天，正是除夕，秦就被帶到法官前面，罪名是「違犯著度量衡規則」，秦當然覺得冤枉，但是法官卻以「巡警的報告，總沒有錯啊！」爲由，硬是判了秦罰款三元。秦既沒那麼多錢，也不肯接受這樣的結果，就寧願坐三天牢。第二天一早，急得如熱鍋上螞蟻的秦太太帶著好不容易借來做生意本的錢將秦贖了出來。當晚，人人都在爲翌日的新年而興奮地準備一切，唯獨秦一人心裡盡想著：「人不像人，畜生，誰願意做。這是什麼世間？活著倒不若死了快樂。」是夜，該警察被殺死在街頭，而秦得參也在家裡自殺身亡。

藉著這個故事，作者賴和控訴了統治者（代表：警察和法官）任意蹂躪善良人民的行徑。一開始，小說即點出，秤仔「可是官廳的專利品，不是便宜的東西」，意即，秤之所以貴，原因無他，就因爲它是官廳的專利品，此其一，而秦得參夫妻倆又擔心「巡警們，專在搜索小民的細故，來做他們的成績，犯罪的事件，發見得多，他們高昇就快。所以無中生有的事故，含冤莫訴的人們，向來是不勝枚舉。什麼通行取締、道路規則、飲食物規則、行旅法規、度量衡規紀，舉凡日常生活中的一舉一動，通在法的干涉、取締範圍中」。最值得注意的是，作者使用了兩次「規紀」的概念，一次是度量衡規紀，另一次則是，小老百姓作生意時，面對警察需索時要注意的規紀，一來一往，就把官方統治的正當性給顛覆掉了。

秦得參的命運告訴我們，天平秤再精確也沒用，因爲決定它精不精確的是掌權的人。套用卡夫卡的說法就是：「貴族不受法律規範，唯其如此，法律才受貴族規範。」治者權力的無限正好凸顯了被欺壓者受難的無奈，難怪賴和要給主角取這樣的名字，「秦得參」其實就是「眞的慘」也。

〈豐作〉這篇小說裡，最後連「平素是替會社奔走的甘蔗委員」自己都覺得會社的磅秤太離譜，最後會同警察官三人跳上磅台，一量的結果卻是「自己也好笑起來，三個人共得二十七斤」（正是日據時代台諺「三個保正八十斤」的最佳寫照！）。然而官方在磅秤作手腳而被識破的結果僅僅是：「警察……去和會社商量，這磅庭便臨時停止使用，所有未磅過的一概移向別的磅庭。」賴和在這裡很無奈地點出了，被欺壓慣了而又反抗無力的蔗農對此已無啥反應：「別的蔗農不知爲什麼緣故，要多費這一番手腳，多在埋怨，來到會社的農民，他們所最注意的蔗單和食卷……在麵店仔食中午的時候，各個蔗農所談論的一樣是關於今年的甘蔗，怎會這樣無重量的問題，講個人雖然都曉得講，卻無一個人要去根究它無重量的原因」。賴和會不會在暗示，這種反應其實就是二林蔗農事件的恐懼後遺症？其影響可深遠？

從委曲求全到委曲求「權」，台灣人，好一條崎嶇道路。多言無益，有詩爲證：

在家寄人籬下活，不知規紀受拖磨；
不公不義是原則，一桿秤仔應聲折；
往往一死才解愁，台人常常淚滂沱；
與其母國配祖國，不如自己來建國。

豈止「蔣方質疑」而已！

除了「中元普渡」外，傳說我們還曾有個「台灣普慶」，聽過嗎？

傳說是這樣的。一九四七年的二二八事件後，接下來直至一九八〇年代，蔣介石（一八八七—一九七五）和蔣經國（一九〇九—一九八八）父子的中國國民黨在全台各地以「清鄉、綏靖、抓匪諜到打台獨」爲名，地域不分南北，人民不分省籍，殺的殺，關的關，死傷無數。其間有一天，年漸老、體漸衰的蔣介石爲了想知道還能活多久，就召了一個名聞遐邇的算命仙進府來問。算命仙不假思索地回道：「報告總統，不瞞您說，您將會死在『台灣普慶節』的那天」。老蔣緊張地問：「『台灣普慶節』？那是什麼時候？」算命仙說：「報告總統，不瞞您說，還不知道。」老蔣神色不悅地說：「還不知道？那你怎麼知道，我會死在台灣普慶節那一天？」算命仙：「報告總統，不瞞您說，因爲，不管是哪一天，您死的那天就是『台灣普慶節』。」

那個算命仙的下場？不瞞您說，我也不知道。反正那年頭，有多少人就這麼不見了，敢說出心裡話的人，通常是一上場就不會有什麼好下場。何況，軍警情特加抓耙仔，滴水不漏，即便是傳說裡編出來的人物也照樣沒保障的。那，還會有台灣普慶節嗎？不瞞您說，我也不知道，不過，不管是哪一天，中國國民黨……

「傳說」者，「傳來傳去大家說」也。「傳說」當然並不僅止於「政治」層面，但是在獨裁政權的時代裡，有關政治人物的「傳說」卻扮演著很特殊的角色。它可算是野史的一種，不具權威感，也無可信度可言，但卻常是被壓迫者宣洩不滿、恐懼和表達期盼、願望的重要管道之一。從而，越是狠毒、強悍的獨裁者越容易、越適合成為政治傳說裡的主角，因為那是被迫害者唯一能排遣他們「無力感」的最有力工具。在戒嚴時代裡，台獨實踐者「江蓋世」的英文拼音因與獨夫「蔣介石」雷同而生的各類傳說就是一例。然而，傳說並不必然隨著「極權統治」的消逝而絕跡。尤其當「極權統治者」的「業績」並未因民主時代的到來而被重新定位時，「傳說」依舊有其必要。我不能不說，除了「必要」外，這更是一種遺憾。

從受迫害者的角度所編出來的「傳說」毋寧是某種程度的「日記」，是一種隨著受迫害者一同被擠壓而變形的「口述之日記」，它的昇華形式則是「筆撰之文學」。而迫害者的「日記」其實則是另外一種類型的「傳說」，是當權者展現「無所不能」的另一個場域，是獨裁者化腐朽爲神奇、「瞞著您說」的最有力工具。獨裁者在日記裡所寫下來的，往往非純「客觀事實」的陳述，而是「主觀意願」的記載。李筱峰教授在其著作《台灣人應該認識的蔣介石》（頁六四—七〇）裡爲我們準備了一個很好的例子。

一九四六年十月二十一日至二十八日，蔣介石來台灣視察一個星期。彼時，由於台灣省行政長官公署的腐敗、無能和顢頇，台灣人民對「祖國」政府及軍隊的不滿早已達到沸騰的狀態。就於蔣介石在台期間，林茂生主持的「民報」曾乘機提出懇切的「訴願」：

「光復以來，已經過一年餘，因由祖國移來不少的壞習氣，加之貪污案情續出，而且有以征服者之對待被征服者的優越態度，使台胞們發生了極大的憤懣與不快，甚至有生起悲觀，放棄了對於將來的希望。……」

然而在那一個星期裡，遊山玩水和到處接受人民夾道歡迎的蔣介石，在十月二十六日的日記裡寫的卻是：「台灣尚未被共黨分子所滲透，可視爲一片乾淨土。今後應積極加以建設，使之成爲一模範省，則俄、共雖狡詐百出，必欲亡我國家而甘心者，其將無如我何乎！余此次巡視台灣，在政治上對台灣民眾之心理影響必大也。」

眾所皆知，豈止是「心理影響」而已，還有「生命影響」哩！四個月後，二二八事件爆發，林茂生正是諸多死難的菁英之一！

再看十月三十一日，針對台灣行，蔣介石又在日記裡寫道：「巡視台灣之收穫，較諸巡視東北之收穫尤大，得知全國民心之所向。」「民心之所向」早已變成「信心之死巷」，可獨裁者還沾沾自喜於「巡視之豐收」，獨裁者的「日記」之不可信，可見一斑。獨裁者的「日記」不可信，那麼，獨裁者去世後，例如一九七五年四月，蔣介石走掉的那個月，聯經出版社所出的《仁者畫像——總統　蔣公紀念文集》裡所收的各種社論、專文可信嗎？隔年的四月，例如台北市立金華女子國民中學「恭印」的《總統　蔣公逝世週年紀念文集》裡面，從校長到老師，從國一到國三的學生所寫的紀念文、哀悼文可信嗎？我們不必浪費筆墨從中舉例，也不必細究那些撰文者的「噁心」是「苦心」抑或是「交心」，畢竟走了的只是獨裁者，而非獨裁體制——老子走了，兒子還在呢！更何況幾十年的愚民教育及擾民管制所產生的影響和壓力！

那些逝世紀念文集、報刊社論、各界專文的哀戚肉麻話語若所言皆眞，那「中華民國的偉大領袖，中華民族的偉大救星，人類維護正義自由的偉大鬥士」，如「聯合報」一九七五年四月七日的社論之開頭語所稱，竟然敢撒手人寰，棄世界、中國、台灣萬千子民於不顧，不就簡直是「該死」了？那種由孝子蔣經國以降，舉國皆披麻，上下全帶孝的場景及話語當然也就跟獨裁者的日記一樣，是在一種特殊的人工環境之下所炮製出來的，是一種主觀的片面意願以包山包海的方式強加在台灣上空所造成的假象，無庸置疑，是禁不起時代的考驗的。那麼，禁得起時間和空間考驗的眞話在哪裡？在傳說裡，在文學裡。

一九七五年七月二十四日，蔣介石去世四個月不到，本名林文德的作家東方白寫成他的短篇小說〈孝子〉，由於在台找不到可發表的園地，最後勉強於同年十月登在香港的《七十年代》。〈孝子〉的主角姓黃，家住宜蘭，名已不可考，鄉人只叫他「孝子」。而「孝子」也眞是個孝子，不管他那名爲黃發的父親生活如何荒唐，聲名如何狼藉，年輕時吃喝嫖賭，年老時與藥爲伍，孝子總是只說他的好話，且「把他父親想成是村裡最了不起的人」。

有一年，老弱多病的父親終於走了，孝子花了大錢遠至萬華買了福州杉棺木，又找了萬華最有名的風水師上山找了個龍穴。至於墓碑，則特地派人到花蓮的太魯閣採購了一塊大理石墓碑，然後再從台南聘請了最有名的刻碑師傅來，準備在墓碑上刻上最體面的墓誌銘。然而問題來了，墓誌銘要寫什麼？身爲百萬富翁的孝子就包了一個大紅包，請來宜蘭當時唯一的秀才為他父親寫了一篇文情並茂的墓誌銘。只是，儘管秀才絞盡腦汁，無中生有寫出來的內容，孝子讀了後，還是覺得不滿意。最後，他決定自己帶著紙筆上山到各墓地去抄人家的墓誌銘，看到好的就記下來，準備回去後再重新組合，湊成一篇盡善盡美的墓誌銘給他父親。

這一天，又上山抄墓誌銘的孝子累到睡倒在一塊墓碑旁。醒來時，天已全黑，張開眼，卻看到每塊墓碑前都跪著個穿白衣的男人或女人，而且每個人手裡都抓著塊石頭，披頭散髮地在努力磨掉墓碑上的墓誌銘。偶爾還有一個牛頭、一個馬面手拿叉戟，來回巡邏，監視著那些男女。孝子好不容易克服了心裡的恐懼，就近問一位工作中的老伯說：「阿……伯……你們三更半夜在這墳場磨這墓碑做什麼？」老伯一邊繼續磨墓碑，一邊說：「少年家，別來打擾我！我必須在天亮雞啼前把這些字磨光，否則回到陰間，閻羅王又要給我更多的刑罰。」

在孝子的追問下，滿頭大汗的老伯才接著說：「這還不是我的兒子害了我！假如不是他在我的墓碑上刻了這許多胡說八道不合事實的墓誌銘，我今天也不至於落到這步田地。」原來，閻羅王命他們晚上來「洗刷」他們「不該得的虛名」，結果，「那些沒有墓誌銘的，晚上可以好好睡覺」，而他們「這些有墓誌銘的，晚上就被牛頭馬面牽來這裡磨自己的墓誌銘……如果磨光了便完事也好，可是，天一亮，這些磨光的字可又顯出來了，於是第二天晚上又得開始磨。啊！這苦日子不知哪一天才能完結，要不是我兒子害了我，我也不會死了還受這麼大的罪。」

孝子靜靜地聽著，老伯又說：「唉！這些死人的兒子也未免太傻了，他們以爲一旦爲他們父親刻了漂亮的墓誌銘，便能矇騙別人了，閻羅王手裡的鬼錄記著我們在世時的一言一行……再說騙騙活人嗎？你想哪一個活人看了這墓誌銘會相信上面說的鬼話？」話說完沒多久，天已微亮，已有雞啼報曉，磨石聲漸歇，牛頭馬面帶著眾鬼紛紛離去。孝子茫茫然地下了山。不幾天，孝子父親墳上的大理石墓碑已豎好。村人看了都大失所望，原來，墓碑上除了死者的名字和生死年月日以外，竟沒半個字的墓誌銘！從此以後，沒人再叫「孝子」爲「孝子」了。孝子直到臨終前，才告訴他的子孫實情爲何。

東方白的寓言作品在台灣文學家裡是有名的，這篇短短沒幾頁的小說除了很巧妙地應用了希臘神話「薛西弗斯」裡的母題外，放在蔣介石去世那一年，台灣處處滿布著「墓誌銘」的歷史氛圍來讀，更有隱喻之妙。一時間，我們不由要問，到底是誰在「鬼話連篇」？死者「黃發」隱指「謊話」，好個東方白，深知台灣當時之既黑！

回到眼前，據報載，蔣方智怡女士已代表蔣家與美國史丹佛大學胡佛研究中心簽約，將兩蔣日記交之保管五十年，並稱兩蔣日記是屬於中國人的，希望有朝一日能回到中國的土地上。日記原本在台灣，如今說，希望日後回到中國的土地上去，倒是清清楚楚地證實了，在他等的心目中，儘管「台灣是中國不可分割的一部分」，但是要說起「正統」，那對不起，中國是中國，台灣連邊都沾不上！這就是爲什麼，他們當初無法接受李登輝當中國國民黨的主席，當「中華民國」的總統之故。這就是爲什麼，民進黨執政後，他們在很多情況下都抱持著「寧予外人，不給家奴」的態度之故。蔣方智怡甚且當眾明言，擔憂兩蔣日記在台灣會受到不當的「濫用」。我們對蔣方智怡所代表的「蔣方質疑」予以尊重，但是身爲台灣人，尤其在每年二二八事件紀念日時，憶起直到蔣經國時代的林義雄祖孫、陳文成等慘案，我們也有「台方質疑」，那就是：終其兩蔣時代，中國黨「磨掉」公領域的台灣歷史，致其千瘡百孔，今卻獨留／毒瘤獨裁者私領域的完整日記，不管所載爲何，吾人絕對不上「私而忘公」的當！其參考可也，若要求眞，還不如回頭翻閱人民的文學！多言無益，有詩爲證：

獨裁日記當符令，鬼話連篇焉能信；
帝王閻王無所禁，牛頭馬面算英俊；
台灣普天難同慶，生不逢時遇歹運；
有碑無文多少命，墓誌悲鳴代拓印。

吵沒族

「吵」者，發雜音，壞好事，烏鴉嘴也。從「少」，乃「炒」之省，鏟子翻轉發雜音，卻也不無猶如「大把葉炒成小碟菜」，「越吵人越少」之意也。至於「沒」者，本有命，不平鳴，致喪命也，義可通「歿」。是以，「吵沒族」者，「吵了命就沒一族」之省也。而什麼時代，什麼人物能讓人民因爲說話不合意而將之變成「吵沒族？唯戒嚴體制下的國民黨兩蔣時代憑其軍警情特暴力才作得到！

當初日人據台底定，反抗者殺無赦，當然可惡之極不可忘。然台灣人即便在殖民統治的年代裡，後來都學到了「有話得說」的現代民主基本精神，請願也好、抗議也好、組社也好，雖然因爲「吵」被關、被打的人無數，但因「吵」而沒命的，倒少有聽聞。沒想到，「祖國」來了後，「二二八」、「清鄉」、「綏靖」加「白色恐怖」，直到一九八〇年代，其結果就是，「吵沒族」全殺光了，剩下的台灣人大部分成了「沒吵族」——「沒人敢再吵一族」。除了少數例外，大部分有台灣意識的人別無他途，只能默默地分享台灣人「趙滚濤」的命運。

聽過台灣人「趙滚濤」的故事嗎?台灣人趙滚濤半生抗拒日人統治，然在歡迎「祖國」「光復」台灣後，眼看一個個有良知的醫生、老師、工人、學生紛紛被國民黨捕捉下獄，或槍斃，或判刑，男女不分，老少通抓，從此任憑任何人以任何條件威脅利誘他加入國民黨，他都一概拒絕。

一九七二年十二月二十五日，被逐出聯合國後，蔣介石在台灣依舊戒嚴如故，白色恐怖的氣氛照常籠罩在台灣上空。幾天後，這一年尚未過完，老弱病重、年近八旬的趙滚濤在臨終前氣若游絲地要求家人，無論如何要在他斷氣前幫他加入國民黨。訝異不止的家人不敢相信他們聽到的話。長子彎下腰，貼著眼看隨時就要駕歸道山的老父耳朵問說，他們都知道老爸痛恨國民黨不是沒有理由的，如今臨走了反而要加入國民黨，他們實在無法理解。這時，台灣人趙滚濤喘著氣，斷斷續續地吐出了他這一生的最後一句話:「死……死，死一個，算……算，算一個啊!」面對無能為力的戒嚴時代，除了黑色幽默一下，還能怎麼樣呢?

因著前人的犧牲，台灣在解嚴二十年後，終於既不會再有「吵沒族」，也不再有「沒吵族」了。於是，舉凡國民黨當年依恃暴力和洗腦方式所強加諸於人民腦海裡牢不可破的「堅強信念」，如今一一受到挑戰而斑剝壁落。其中關鍵當然在「正常化」三個字。於是，被埋沒在大中國陰影之下半世紀的「台灣史」重新面世，「中華民國」在哪裡？還存在嗎？台灣的主權屬於誰？甚至所謂「我們的國父、我們的憲法、我們的國歌、我們的國旗、我們的國號，全部都是外來的，爲什麼？」諸如此類過去被壓制下去的問題都一一浮現。這當中出現了一個有趣的現象：已退休的台大歷史系外省籍教授逯耀東曾投書某報，跳出來批罵擔任教育部高中歷史課程綱要小組召集人和小組成員：本省籍的逢甲大學歷史系教授周樑楷，以及同爲本省籍的玄奘大學通識中心教授黃清連。

逯耀東教授會跳出來，據他說，因爲周、黃兩人都是他教過的學生，他曾待之如家人，情誼不僅於師生。這就有意思了，台灣史和中國史怎麼編，區隔在哪裡等等，當然是可討論的學術問題，但是逯老師隨便引網路資料呼攏兩下，就跳過學術討論，直接警告他的學生：「要有脊樑。」其目的當然不在「論理」，而在「教訓」，所以他對媒體說是：「關門打小孩。」這麼關鍵、如此嚴肅的學術議題，可以用中國傳統父權觀念的「打罵」來解決嗎？

台灣人在民主化的過程裡，此一禁錮我們半世紀的「返祖父權」思維不正是阻礙人民培養獨立思考的一塊大頑石嗎？這種「關門打小孩」的思維不就是當年造成台灣出現的「吵沒族」和「沒吵族」之恐怖戒嚴手法嗎？！再看「沒有脊樑」之責，周樑楷和黃清連兩位教授沒有脊樑嗎？只要問問台灣的中文系和歷史系裡面，即便在解嚴後的今天，有幾位老師敢基於學術和知識分子的良心，挺身爲台灣這塊土地與其同儕、師長相辯甚至相抗，就知道周、黃兩位教授有無脊樑了。然後，我們再問，一九六〇年代在台大就讀的逯耀東教授，自己不也曾因「後來自承是幼稚的左傾毛病」而被國民黨小小「白色恐怖」過嗎？如此，他不也曾是「沒吵族」的一員嗎？一九七七到一九九一年，他在香港任教，之後回到台大任教。那十四年的光陰，台灣歷經美麗島事件、解嚴、蔣經國去世，至今二〇〇八年，台灣總統直選都已經是第四回了，作爲一個史學家，他對這些發生於此地的重大變化，能無動於衷嗎？我能充分了解，顯然受限於外省人之國家認同特性，逯耀東當年只能自顧著「勒馬長城」的神氣，但是如今，至少他應該有褪除「固步自封」的勇氣吧？

逯耀東教授學術水準如何？本人專業非爲歷史，不敢拈鬚，倒是斗膽舉一例以觀之。逯教授曾於一九七五年六月在《中外文學》第四卷，第一期裡寫了一篇文章，頁二三二—二四六，題曰〈長城與中國文學〉，其中有段話是這麼寫的：

安史亂後……長城的邊界完全消失……所以孟姜女的眼淚不僅詛咒那個不恤民力的暴君，同時也悲悼長城邊界的消逝，因為在那條防止胡人南下牧馬的血線上，她的丈夫曾用自己的血肉奠下城基，現在讓胡騎縱橫了，她的確應該放聲悲號的。

（頁二四一）

好一個今天「關門打小孩」，當年「閉門就造車」的歷史兼文學教授！控訴皇帝「開邊意未已」的憂怨寡婦，被他話鋒一轉，竟成了憂國婦女，明明是「哭倒長城」的孟姜女，竟變成「哭長城倒」的「蔣夢女」了，正是「寡婦、皇帝同一邊，逯老、宋盼皆半仙」的寫照了。在此另舉同爲歷史學者的江潮濕所言，以作比較：「長城，自民族國家觀念看來，固然是國防重鎮，但在老母少婦怨毒所歸，卻把它看做妖孽無殊。」若還不夠，關漢卿的《竇娥冤》也還可佐證逯大教授的「造車」功力：「那裡有奔喪處哭倒長城？那裡有浣紗時甘投大水？那裡有山來便化頑石。」只見「家恨」，哪來「國仇」？從而，吾人可以看出，在封建思維的「國家、民族」大旗之下，逯教授從三十年前到今天都看不到被迫害者的「人民觀點」，那也就算了，還能硬把原告拗成被告的辯護人！

逯教授不能就學論學，「關門打小孩」卻還敢大剌剌地昭告天下，在在印證了十八世紀德國學者賀爾德（Herder，一七四四—一八〇三）針對中國無所不存的「父權」所作的「奴隸文化」之批評，在此簡述如下：

在這個國度裡，即便是成人，在父母面前也仍被要求像個「乖順」的小孩……「虛僞」成了習慣，同樣地，「孝子般的順從」也延伸到百姓對「父母官」的態度，再從官吏、臣子延伸到「天子」面前，於是「天性」被「奴性」扭曲，「命令」取代了「自然」。在這個國度裡，一切教化都以下對上的「順從」爲宗旨，皇帝對大臣都可以像大人打小孩般體罰之（指「廷杖」）。結果就是，全中國都沒有大人，只有小孩。沒有高貴的馬匹，只有馴化的驢子。

從逯耀東教授有父權沒學術地「關門打小孩」的例子之荒謬來看，台灣人開始認眞追問「台灣主權」、「台灣歷史」、「台灣何去何從」等問題，不正是已經漸次擺脫千千萬萬、層層疊疊的「國父」之壓抑的明證？有此一問、再問、三問，不正是台灣民主化的開花結果？「逯國父」的「訓話」之荒謬，不正是吾人不再被外來父權「馴化」的明證？台灣不屬中國，這又一例，而「獨立」不正從此處始？多言無益，有詩爲證：

主人一再變奴僕，教人如何不鬱卒；
脊樑挺直吵沒族，關殺抓捕肝腦塗；
休提生命有變無，青春歲月如何贖；
但盼從今不漂浮，年年老小共圍爐。

對了，差點忘了，「趙涤濤」者，台語「著賊偷」之音也。

膽·固·純

從一九九〇年參加三月學運以來，至今將近十八個年頭，我已漸從三十來歲的「青少壯」進入半百的「準中年」，若再從一九八二那一年秋天，我以一個走過完整「國民黨愚民教育」的少年人身分負笈德國算起，至今我總共換了三次「身分證」了——先是「中國廣東人」，再來是「台灣基隆人」，今早起床，照照鏡子，我發現，不知何時，「台灣基隆人」早又已改成了「歲月不饒人」。

我邊刮鬍子邊哼著：「我的肚皮在長肉，我皮膚開始皺。年少輕狂臉皮厚，不爽就說『No』！別人奮鬥我享受，想起來就欠揍」……「欠揍」兩字才出口，我忽然想起來，曾經在某個場合上碰到的一位白色恐怖受害人對我說，他在牢裡如何一邊被國民黨的特務踢踹，一邊耳裡還聽到打他的人用濃重的口音說：「他媽的，簡直是欠揍！」我放下刮鬍刀，呆在鏡子前面，耳裡繞著滿面橫豎風霜、一口參差亂牙的老人靜靜地補上的一句話：「我算運氣好的，活了下來。」

一個老問題又浮上心頭：二二八，白色恐怖加上戒嚴三十八年，台灣菁英死傷殆盡，平民百姓牽連亦廣，爲何依舊有這麼多的人不顧死活地前仆後繼，保住台灣的香火？我對他們的事件了解越深，我對存活下來的人認識越多，我就越確定，是「膽．固．純」三個字，沒錯，絕對是「膽．固．純」這三個字使他們能在那樣的恐怖年代裡站了出來，說了出來他們心裡的話，使他們至今依舊或結伴，或孤獨地現身各個「挺台灣」的場合。

「膽」是「勇氣足」，「固」是「立場堅」，「純」是「無私心」，三者只要缺一，就不可能在那樣肅殺的年代裡堅持著對「人間公理」的信，「上天正義」的望，「腳下土地」的愛。然而這些勇者卻被一個外來政權視爲是「毒蛇猛獸」，奈何！奈何！

我想起了中國最早的短篇故事集《晏子春秋》（約西元前五〇〇年）裡的一個故事。故事說，「齊景公出獵，上山見虎，下澤見蛇」，覺得很晦氣，回去後就召晏子來問：「今日寡人出獵，上山見虎，下澤則見蛇，殆所謂不祥也？」晏子的回答，以現代漢語來看，就是：「老虎就住在山裡，那是牠的家，您既上山，碰見老虎，有何奇怪？蛇的巢穴就在水邊，那是牠的窩，您涉水而下，看到蛇，更是理所當然，哪有什麼吉不吉祥的問題。」接著，晏子才說出，眞正的「國有三不祥」之所在：其一，國有賢能之士而沒發現；其二，發現了賢能之士，卻不予以任用；其三，任用後，又不信賴之。

後人讀此故事，多將重點放在「國有三不祥」，僅將「上山見虎，下澤見蛇」一段視爲「引文」，然而，今日讀此，我們其實要問，何以當年「從中國敗退來台灣」的國民黨和今天的泛藍人士依舊將所有「認同台灣並視之爲唯一祖國」的人——不管屬何族群——打爲「毒蛇猛獸」？一句「背祖叛宗的台獨分子，他媽的，簡直是欠揍！」還要用多久？來台灣而碰到認同台灣的人，那不就像「上山見虎，下澤見蛇」一樣的自然嗎？你們有半世紀的時間隨台灣人習慣「上山見虎，下澤見蛇」，但是剛好相反，你們的作法是，用軍警情特媒黨校打殺兼洗腦的方式企圖造成「虎見人上山打獵，應即抱拳致敬，蛇見人下澤捕魚，應即哈腰鞠躬」的結果。殊不知，一旦違反自然，自取滅亡乃是遲早的事而已。就此觀之，若有人問起，泛藍人士爲何曾在造勢場上以從自己手指擠出的十c.c.鮮血之激情方式將「留白」的「國旗」染上令人怵目驚心的血紅色？我們也只能說：這回，他們得用自己的血，因爲他們再也不能像當年國民黨獨裁的年代一樣，用別人的血來染紅他們的旗子了。

因爲違反自然，所以儘管國民黨在一黨獨大兼獨裁的情況下統治台灣幾十年，那些「外來國旗、國歌、國號、國徽和憲法」依舊沒能植入台灣人的腦子裡，正因爲他們自己沒能先將自己的種子栽進台灣這塊土地裡！不尊重土地，只講究血統，這是違背「自然」的，不要說對台灣人行不通，一旦「自己的子孫」換了土地，就算強加「改造」，其結果也會給人「極端不自然」的感覺。這點，我們在白先勇一九六〇到一九七〇年代的幾篇後來都收入《台北人》的短篇小說如〈梁父吟〉、〈冬夜〉和〈國葬〉裡，都能讀到些許蛛絲馬跡。

〈國葬〉裡葬的是陸軍一級上將李浩然將軍。當年，李將軍「從中國戰敗退到台灣」，但是他的兒子年輕時卻「從軍校裝病退到美國」。將軍一怒之下，對兒子說：「你以後不必再來見我的面！」直到李將軍去世後，已入中年的兒子才從「美國」回來奔喪。但是已成美國人的兒子不是主角，通篇都是在描述李將軍那些而今皆已老邁的部屬、同僚如何踉蹌著腳步來參加葬禮、如何回味著當年的風光，以及悲嘆著當年風光如何不再。兒子雖然擔任主祭，但卻是徹頭徹尾的「局外人」。父親後半生都活在「歷史中國」裡，造成無根漂浮在台灣的結果，於是「國葬」儘管備極哀榮，卻由於後代之「移植在外」而呈現出「無國而葬」的淒涼。

再看同樣是以某大員「孟養公」之隆重葬禮爲背景的〈梁父吟〉，幾乎每個人也都在怪那個在美國久居而趕回來奔喪的兒子「家驥」，只因他在整個葬禮進行中極爲不守「中國禮俗」的行徑。同樣地，一生忠於「黨國」，還曾參加武昌起義的孟養公，離開中國來台灣後，後代也沒能在台灣續上根，甚至還在美國跟中國斷了根。白先勇似乎有意在此小埋伏筆——兒子名爲「家驥」，於是，「王師北望中原日，家祭毋望告乃翁」竟成了「家驥無望告乃翁」了！

已逝的「孟養公」之兒子既已歸爲美國人，主持治喪委員會的樸公之子同樣也去了美國，但是他把孫子接了回來。讓我們看看，樸公這個中國祖父把他那在美國出生的「美國孫子」接回台灣後，把他教成什麼樣。葬禮結束後，樸公和另一位弔客雷委員同回樸家，兩人就下起棋來：

下了兩三手的當兒，書房門突然打開了，一個八、九歲的男孩子走了進來……

「爺爺，請用茶。」他小心翼翼的把那碗湯藥擱在茶几上便對樸公說道。樸公抬頭看見他，臉上馬上泛出了一絲笑容，但是卻厲聲喝道：「還不快叫雷伯伯？」

「雷伯伯。」男孩子趕快作了一個立正的姿勢，朝著雷委員深深行了一個禮。雷委員當然立刻讚許了幾句。樸公就命小男孩背一首唐詩，小男孩果真當場就來了一首〈涼州詞〉。雷委員讚賞之辭直把樸公樂上了天，然後他向孫子說了句：「去吧。」孫子就離開了。

來的時候，「一聲厲喝」，見人就要「深深鞠躬，立正行禮」，走的時候，一聲「去吧。」就得離開？有人這樣子帶孫子的嗎？那到底是個小男孩，還是個機器人？樸公還得意的說：「他剛回來的時候，一句中國話也不會說，簡直成了個小洋人！」大家猜，這個「機器人」叫什麼名字——「効先」，「效法祖先」的「効先」！當然叫「効先」，不叫「効先」叫什麼?!

白先勇果然天才，短短篇幅就把這些「台北人」如何在「台灣」把「美國人」矯正爲「中國人」的業績呈現出來。對照台灣的歷史，我們把以上這段情節搬到整個兩蔣時代，也可以看到，這些「台北人」如何在軍事戒嚴體制下，用盡所有辦法，把被日本人統治了半世紀、「一句中國話也不會說，簡直成了東洋人」的台灣人矯正成一個個「呼之來，則深深鞠躬立正行禮」，然後一聲「去吧。」就立刻消失得無影無蹤的機器人。

然而，回過頭來，天佑台灣，他們的「膽固純」——「膽」大妄爲傷天害理，外來政權「固」若金湯，自認中國血統「純」正——終究沒能壓倒台灣的「膽固純」！——雖然在這些烈士當中，多人跌倒後，就沒能再站起來。

「跌倒後，就沒能再站起來」，我想像著媒體報導曾當過台灣人「教育部部長」的李煥，在陳文茜於一家知名夜店舉辦的新書發表會中，由於場地黑暗，跌了一跤後，再站起來的樣子。在黑暗中跌倒，能再站起來，是多麼幸運的事！李煥先生，你們知道嗎？

陳文茜說，她那本書是要獻給「過去五十年來受過苦難的人，包括外省人」，而此則報導副標題寫著「新書發表會／夜店辦派對／一堆老『藍』人／李煥跌一跤」。我要問，既是獻給「過去五十年來受過苦難的人，包括外省人」，陳文茜邀這些老「藍」人來，是要來懺悔的嗎？不是，她邀他們來，是要對他們說：在野黨應該組成「總統精神治療隊」。

我想到那些受害者被槍斃前後的照片，還有那些對我說「我算幸運的，我活了下來」的老人，我就沒辦法克制自己……算了，去讀白先勇剛剛那幾篇小說好了。多言無益，有詩爲證：

外來政權駭聽聞，黑暗煉獄訴無門；
沒死心靈也留痕，夢中想起猶作疼；
天佑台灣免沉淪，不令眞相續混沌；
從此還原台灣魂，八方風雨膽固純。

懺悔

我在德國讀書時，有一年參加了大學的外籍學生事務處所辦的「北德一週遊」，第一站就開到國際港市漢堡。當晚，我們一夥人，來自至少十五個國家的男男女女七、八十人，就分成五組人馬夜訪觀光客來此必定一遊的漢堡紅燈區：聖保里（St. Pauli）。那晚，算是開了眼界，我笑臉注視，冷眼旁觀，人肉市場如此堂而皇之地企業化經營，如此熱鬧地讓恩客和觀光客同時來作客，地不分大街小巷，人不分歐亞非洲，或佇足圍觀，或登堂入室，或暗地打量，或明著喊價，都已經快半夜了，還處處眾聲喧嘩，人人引領翹盼，正是「春宵何處不飛花，小鹿亂跳怎麼抓，夜不閉戶等君誇，記得明兒來續攤」。

二十年了，我們那群帶著各國腔調講德語的外籍學生們早已失聯，倒是對於那晚鮮活的印象，我並未失憶。我們那一組帶隊的德國人所講的一個笑話，我尤其記得，試譯如下：

有天，聖保里一間與「肉攤」毗鄰而居的教堂在三面高牆上都張貼了大字報，上面醒目地寫著：「如果您想懺悔，每日上午十點到十二點，我們等著您。來，不要管牆壁。」大字報早上貼出，到了下午，每張上面都被加上一句話：「如果您不想懺悔，每晚七點到十二點，我們等著您。來，不要管，隔壁。」

這個笑話之所以令我印象深刻，是因爲，教堂貼大字報的重點並不在「犯前禁止」，而在「犯後懺悔」，亦即，如果做不到「飯前洗手」，那至少要做到「飯後漱口」。這是個基於『犯錯』之所以難根除，正因爲『犯錯』原本就深植在人性的根底裡」之認知所建構成的入世觀點。易言之，莫佇足於今晚多美好，明天過後怎麼辦，這才是重點。

就基督教的「原罪觀點」和古希臘的「悲劇理論」來看，我們甚至可以論斷，「向下沉淪」甚至是「向上提升」的命定條件——人生下來即背負著「原罪」，這種觀點講白了，就是「沉淪始於出生」的觀點，與伊底帕斯國王「不知而罪」的命運是一致的。既然如此，人將緣何高貴？答案就在「懺悔」與「贖罪」上。前者屬「認知」

範疇，後者則是「實踐」原則。亞當和夏娃被逐出伊甸園，從此其後裔世世代代須得透過各種「榮耀主」的受苦受難兼受試煉之方式，來贖回重返天堂的契機，這和伊底帕斯國王以自毀雙目，拋棄王位，浪跡天涯，甚至千里苦行以求一死換心安的作爲，是一致的。所不同的是，基督教似將「懺悔」與「贖罪」視爲「人之爲神子的普遍性」，而古希臘則寧持『『高貴』並非人人能致」的看法。總之，基督教與古希臘文明匯流後，儘管「沉淪」人人都行，「提升」各有不同，但是「懺悔」和「贖罪」這兩個概念已成了西方文明的重要成分，則是不爭的事實，「懺悔」甚而在西方文學裡演爲自成一類的結果。

西方是有「懺悔文學」的傳統，至若中國及台灣文學有無，並不在本文討論之列。倒是，翻開字典，我們會發現，「懺」字實乃源於外來。「懺」即「懺摩」（梵語「Ksmasa」）音譯之略，意味請人「忍恕」，即「悔過」之義，如「我昔所造諸惡業，皆由無始貪、嗔、癡，從身、語、意之所使生，一切我今皆懺悔」（《華嚴經》〈普賢行願品〉）。若再將「懺」字拆開來，一邊是「心」，一邊則是「籤」，而「籤」本含「雜生山韭」之意，也就是隱指「犯過後，心裡怎生一個『亂』字可以了得」的意思。至於「悔」者，「回」也，但盼能「恢復到未犯之前的原狀」也。

「懺悔」是自我與心靈的對白，是捫心自問，所以不但要向「後」看，還要向「裡」看，是反省自己，不是檢討別人，與「萬方有罪，罪不在我」的態度剛好相反。而有的即便心再狠，潛意識裡也會有懺悔的表現，如莎士比亞的《馬克白》裡，狠毒的馬克白太太在殺害多人後，出現了一直洗手洗不停、血跡洗不乾淨的症狀，就是一例。

「懺悔」牽因有罪，到底何罪？不論是《伊底帕斯王》的悲劇也好，奧古斯丁和盧梭的《懺悔錄》也好，「性」或者「性壓抑」一直扮演著十分關鍵的角色。另再隨舉兩例，我們在一九二〇年代中國作家郁達夫的短篇小說〈沉淪〉或台灣作家吳錦發集三部小說《閣樓》、《春秋茶室》和《秋菊》爲一冊問世的《青春三部曲》裡，都可以看到年輕男子或青少年學子對手淫「惡」習的不安。

〈沉淪〉的男主角是以「慚愧」和「自責」來看待自己解除鬱悶的方法，他甚至「常到圖書館裡去翻出醫書來看」，而「醫書上都千篇一律的說，於身體最有害的就是這一種犯罪」。而吳錦發在《閣樓》裡則更自剖式地以十分令人動容的文字描寫出，時值十五歲的國中生如何讓小狗吸吮其雞雞並獲得極端快感後輕聲哭了起來的情境。之後，搭配成長中的少年學生如何感受到「暴力」（後來那隻小狗死於他的小刀下）、

「性」（愛戀他的家教老師）和「正義」（得知家教老師的先生對她家暴，幾乎無法遏止為她報仇的念頭）之間的複雜關係，我們可以斷言，這本《青春三部曲》成長小說也有一定成分的「懺悔文學」之性質。

回頭再看歐洲，隨著時代的演進，政治環境的變遷，財富分配的不均，到了十九世紀，其懺悔文學已深染著以「社會正義」及「人道關懷」為核心的色彩，其中尤以我國大文豪托爾斯泰的鉅著《復活》為箇中翹楚。男主角聶黑流道夫（以下簡稱「聶黑」）出身富裕的地主家庭，風流倜儻，誘拐了他姑媽家的美麗下女卡邱莎，並於其懷孕後棄之不顧。多年後，聶黑以陪審員的身分出席某凶殺案審判時，赫然發現卡邱莎就站在被告席上。原來，懷孕後的卡邱莎立被解雇，孩子生下後送人沒多久就夭折，她本人則輾轉沉淪為妓女。聶黑再度看到她時，她正因被設計參與一樁「迷魂搶劫殺人案」而被告。身為陪審員的聶黑深信，若非當年他遺棄了卡邱莎，她絕對不會淪落到這個地步。他也相信卡邱莎在該案中是無辜的，但是卻由於怕被人察覺兩人間的關係，他未能挺身為她申辯。等到卡邱莎被判「西伯利亞流刑懲役四年」後，聶黑深自懺悔並下定決心要贖罪——他不但要娶她，還散盡家財土地，一路跟著卡邱莎往西伯利亞走，還邊幫她上訴。上訴最後成功了，但是拒絕聶黑求婚的卡邱莎卻接受了一個共同長途跋涉的政治犯的追求。傷心的聶黑最後還是心甘情願地接受了這個結果。

毫無疑問，托翁在《復活》裡讓主角聶黑所作的懺悔和贖罪，不但是發自於內心的，尙且還是同時針對「私領域」及「公領域」的。他原本大可以地主身分優雅地過一生，然而他卻決定娶一個被判了刑的妓女，還由於認知到地主對佃農的剝削之嚴重，而將土地賤價賣給三餐不繼的佃農，這原是極符合傳統「敗家子」的定義的。然而，在觀察到犯人（含政治犯）如何被虐待和迫害後，聶黑對帝俄時代統治階級的殘暴作出日後對希特勒政權同樣有效的斷語：「所有的這些人：監獄長、護送兵，所有的服務的人，大部分是溫良仁慈的人，只是因爲他們服務而變爲兇狠。」也就是說，一旦擔任「職責在身」，則「盡職」就會與「人性」衝突，結果是，「同情」對每一個公務員來說，都變爲不可能，正如聶黑指著鋪蓋著石塊的土地所說的：「他們是官吏，是人類之愛所不能滲透的，正如這個鋪面的土地是雨水所不能滲透的一樣。」想想看，「我只是在執行任務，別無選擇」這句話被多少獨裁者的鷹犬和打手事後拿來當藉口！

在托翁筆下，聶黑的「懺悔」和「贖罪」何其令人感動。同樣地，在德國，法律系教授徐林克（B. Schlink，一九四四—）於一九九五年出版的暢銷小說《我願意爲妳朗讀》裡，我們亦看到了曾爲納粹政權充當集中營管理員的文盲女主角韓娜，在獄中克服文盲的困境後，由於開始閱讀猶太人如何被迫害的書籍而以自暴自棄的方式作懺悔，最後並在出獄的前一天以自殺的方式來爲其贖罪的行爲劃下休止符。典獄長在她自殺後，特別對來接她出獄未果的男主角說，韓娜後面幾年在獄裡彷彿是過著修道院清修的日子，意指其懺悔和贖罪的心情多麼堅決和純眞。而在韓娜短短數言的遺書裡，她則指定將積蓄七千馬克送給當年在她管理下劫後餘生的一個猶太女孩。

備受矚目和歡迎外，《我願意爲妳朗讀》這本小說當然也引起了不小的爭議，因爲在虛構的小說中安排這樣一個眞心懺悔和贖罪的德國人，對很多人來說，是難脫有爲德意志民族脫罪之嫌的。這點姑且不論，在此，我倒是要問，從一九四七年的二二八事件，之後一九四九年起長達三十八年的戒嚴加白色恐怖，其間的一九八〇年林宅祖孫血案，隔年的陳文成命案，還有亂葬崗裡無人撿骨的外省冤魂，數以萬計的黑名單等等，至今除了一本國民黨老黨工「爆料」的《買票懺悔錄》及其特務頭子谷正文幾本毫無懺悔意思的回憶錄外，台灣還在等待那些過去在檯面上呼風喚雨，如今依舊在泛藍陣營裡齜牙咧嘴的人對他們所屬的政黨之所作所爲有過任何懺悔的意思表示，遑論「贖罪」的動作了。反倒作家鄭清文在美麗島事件的那一年以細膩感人的筆法在他的小說〈三腳馬〉裡描述了一個日本時代的台灣警察如何欺壓同胞、戰後自己落跑而使妻子承受報復並間接致死，從此他以雕刻「三腳馬」（三腳，指的是抓耙仔；馬，是因客人訂的貨）來懺悔的故事，那是一則藉藝術創作以昇華懺悔的故事，眞眞匠心獨運！

如果我們再讀布農族作家田雅各收在《最後的獵人》一書裡的小說〈懺悔的死亡〉，我們眞可義憤塡膺地問說，如果一個被漢人歧視和欺負、小孫女還被遊覽車撞死卻沒地討的布農族老人，能因搶了一個漢人幾百塊給他族人的小孩看病，就恐懼、懺悔到引起心肌梗塞而死（看書中症狀描述應是），那些自稱飽受中國泱泱儒家文化薰陶的泛藍朋友們，你們除了喊幾聲「捍衛中華民國反台獨」的口號外，總應對「台灣」有點懺悔的表示吧！懺悔眞的有那麼難嗎？試試看，您會覺得較爲舒坦的。多言無益，有詩爲證：

犯錯原本不可恥，死不認錯才可恥；
怒目痛批台灣史，橫眉還對千夫指；

不妨夜半捫心問，何以六神會無主；
懺悔能去不安苦，心靈土地同歸屬。

一家人又團圓了

只要我在家，無論我多忙，睡前躺在我身邊聽我講一段故事，大女兒安安至今都還堅持著。她不准我拿著書唸故事，因為如果看著書唸的話，第一，就得開著燈；第二，我的注意力就不在她身上，而是在書上了；第三點尤其重要，她就不能和我手牽手了，所以她都要求只能用講的，而且最好是我自己編的（於我，多半是用掰的）。她感情非常豐富，從小看電視，不管劇情懂不懂，一個悲傷的場景常就足以讓她哭了起來（真的哭，不只是掉眼淚，有時甚至是抽泣），聽我說故事，只要是稍微有點悲傷或溫馨的情節，也是一樣。記憶裡，我自己覺得編得最深刻的一個故事就是這個：

在一家雜貨店裡的架子上散放著一堆吃的、用的東西。其中有一包特價香皂是三塊一組，兩大塊加一小塊，以透明玻璃紙包在一起，分別是爸爸、媽媽帶著小孩，一家人就這樣緊緊擁抱在一起。這小孩叫作香香，她眼看著左右兩邊的伙伴，每天都被買走一些，而有些人甚至還沒走到櫃檯付錢，就已經開始拆開包裝了。目睹這些，香香心裡不免就開始擔心，不知道哪一天會和爸媽分開。

有一天，就眞的來了一家人，剛好也是爸爸媽媽帶著一個小孩，那爸爸靠過來，一伸手就把香香一家三口連同旁邊的一瓶洗髮精給抓了起來，香香還來不及驚叫，就已經和爸媽躺在櫃檯上了。

當天晚上，香香從一連串的惡夢中醒了過來，原來她被一陣悉悉嗦嗦的聲音吵醒，緊接著，她感到身上一陣涼意，睜眼就看到一個邊在撕開玻璃紙、邊在對一個大約五歲的小女孩說話的女人：「來，小莉，這塊小香皀就是你的，你比較矮，就放這裡，爸爸和媽媽的就放在上面。」說時遲，那時快，耳裡爸媽焦急地喊出「香香！」的尾音還沒完全消失，香香腦裡的「媽咪！爸比！」還沒迸出喉嚨，就和爸媽兩地相隔了。從此，明明知道心愛的媽咪和爸比就在上面，可又碰不到、見不到。而每回這家人從外面回來，一家三口圍在洗手台前，嘻嘻哈哈輪流著洗手時，香香和她爸媽就悉悉嗦嗦傷痛地掉淚。當然，最傷心的還要算是香香了，因爲至少爸爸還有媽媽在旁邊，媽媽還有爸爸在旁邊，只有她是孤零零地一個人。

就這樣，不到一個月以淚洗面的日子，一家三口就已被分離折磨成骨瘦如柴了。一天，已奄奄一息、乾癟到肚皮貼盒底、兩腿瘦如筆的香香在昏睡中彷彿聽到有人說：「小莉，你看，這三塊香皀都已經變這麼小了，捏著不好用，丟掉又可惜，來，弄點水，我們把它們黏在一起，又可以用一陣子了。」話才說完，香香瘦小的身軀一提就起，剎那間，過去一個月裡每晚伴她入夢的回憶——爸媽的身軀和那好熟悉的味道——終於又緊貼著她且充滿了她的鼻息，一家人又團圓了。雖然每個都瘦到不成「皀」形，但是他們可是高興地撲簌撲簌直掉眼淚！也因爲一家三口都沉醉在重逢的喜悅裡，所以誰也沒聽到小莉滿臉狐疑在問說：「奇怪，怎麼我還沒加水，這些小香皀就自己濕答答地黏在一起了？」

我到今天還清楚地記得，故事結束後，安安抓著我的手去擦眼淚的感覺，而我，第一次沒開口安慰她，因爲我不想讓她聽出我聲音裡的異樣。

本文摘自《來不集》〈爸爸，講故事〉

國家圖書館出版品預行編目資料

來得集 / 謝志偉著 .-- 初版. -- 臺北市：圓神，2008.02
216 面 ；14.8×20.8公分. --（圓神文叢 ; 63）

ISBN：978-986-133-226-0（平裝）

1. 臺灣政治 2. 時事評論

573.07 97000726

The Eurasian Publishing Group
圓神出版事業機構
用心與你對話．視野無限寬廣
圓神出版社
Eurasian Press

http://www.booklife.com.tw inquiries@mail.eurasian.com.tw

圓神文叢 063

來得集

作　　者／謝志偉
發 行 人／簡志忠
出 版 者／圓神出版社有限公司
地　　址／台北市南京東路四段50號6樓之1
電　　話／（02）2579-6600．2579-8800．2570-3939
傳　　真／（02）2579-0338．2577-3220．2570-3636
郵撥帳號／18598712 圓神出版社有限公司
登 記 證／行政院新聞局局版北市業字第1462號
總 編 輯／陳秋月
主　　編／沈蕙婷
責任編輯／連秋香
美術編輯／劉嘉慧
行銷企畫／吳幸芳
印務統籌／林永潔
監　　印／高榮祥
校　　對／謝志偉．周婉菁．連秋香
排　　版／莊寶鈴
總 經 銷／叩應有限公司
法律顧問／圓神出版事業機構法律顧問 蕭雄淋律師
印　　刷／祥峰印刷廠
2008年 2 月初版

定價 230 元 ISBN 978-986-133-226-0

[illegible]

2007.1.25